Le chevreuil
et ses chasses

Direction éditoriale : Hervé Chaumeton

Relecture : Léo Brau-Mirabel
PAO : Nathalie Lachaud, Francis Rossignol
Photogravure : Stéphanie Henry, Chantal Mialon

ISBN : 2-84416-466-8
N° d'éditeur : 84416
Dépôt légal : septembre 2006

Achevé d'imprimer : août 2006
Imprimé en Slovaquie par Polygraf Print GmbH, Presov

Le chevreuil
et ses chasses

Gilbert Valet

ARTÉMIS
ÉDITIONS

Sommaire

Introduction

Considéré comme le plus grand des petits gibiers, par les uns, ou comme le plus petit des grands gibiers, par les autres, le chevreuil occupe une place à part dans le monde de la chasse. Aux yeux des chasseurs, il n'est pas l'animal noble et majestueux que représente si bien le cerf, ni la brute hirsute et sauvage qu'est le sanglier. Non, il est plutôt perçu comme un petit animal gracieux et fragile que certains chasseurs, bien hypocritement d'ailleurs, se défendent de prendre plaisir à chasser ! L'image de Bambi gracile et amusant, très imprégnée d'anthropomorphisme, est encore bien consciente dans nos esprits, avec tout ce que cela constitue d'irrationnel et d'émotion.

Présent un peu partout en France continentale, ce petit cervidé ne laisse pourtant pas grand monde indifférent. Pour le chasseur averti, c'est un gibier remarquable dont la gestion rigoureuse permet la récolte de trophées d'exception au cours de parties de chasse tout en finesse et en accord parfait avec la nature. Mais le monde est ainsi fait que, pour d'autres, tout autant chasseurs, c'est une bestiole exécrable, une « chèvre » tout juste bonne à dévoyer les chiens et à pourrir la vie de ceux qui veulent chasser le lièvre ou le sanglier, et qui ne voient en lui qu'un gêneur et un « sauve-bredouille » pour les jours tristes.

Pour d'autres, enfin, qui ne sont pas chasseurs, mais pour qui le spectacle de la nature est un émerveillement permanent, c'est l'animal gracieux, curieux et presque jovial qui égaye de sa présence nos paysages de campagne.

C'est donc en portant un regard objectif, mais peut-être pas tout à fait neutre sur cette espèce, que nous allons essayer de montrer aux chasseurs et aux autres, en comblant quelques lacunes, « comment ça marche ». Les spécialistes de la chasse du chevreuil n'apprendront peut-être pas grand-chose, quant aux autres, nous espérons simplement leur donner l'envie d'en savoir plus pour qu'ils ne considèrent plus ces « chèvres » comme des empêcheuses de chasser en rond, mais plutôt comme un gibier à part entière qui mérite tout notre respect et notre attention.

Il n'en est pas moins vrai que dans l'environnement actuel des mutations agricoles, le chevreuil trouve de plus en plus d'espaces à coloniser. La mise en place de plans de chasse qui ne sont peut-être pas toujours aussi rigoureux qu'ils le devraient, a contribué, et il faut s'en féliciter, à l'augmentation sensible des populations, qui, faute d'une gestion raisonnée, pourrait engendrer çà et là des problèmes qu'il ne faudrait pas négliger.

Présentation de l'animal

Bref historique et classification

Si les premiers cervidés sont apparus sur notre planète il y a environ 1 million d'années, le chevreuil – tel que nous le connaissons aujourd'hui ou à peu près – serait, d'après les paléontologues, présent sur notre continent depuis environ 300 000 ans. En fait, il a traversé toute notre histoire de façon très discrète. Sa petite taille, qui fournissait peu de venaison pour certainement de grandes difficultés de capture, ne semble pas avoir suscité beaucoup d'intérêt auprès des chasseurs préhistoriques. Les hommes de Neandertal et de Cro-Magnon devaient déjà rencontrer, lors de leurs chasses, un animal commençant à ressembler à notre chevreuil actuel. Cependant, les cerfs, les rennes et autres aurochs sont bien plus représentés sur les parois des grottes préhistoriques que le chevreuil. Plus près de nous, les fouilles archéologiques ou les restes (crânes) trouvés dans des avens du sud de la France montrent que ce petit cervidé était déjà bien présent au Moyen Âge et certainement jusqu'au XIXe siècle, époque du commencement de son déclin.

Tous les animaux qui peuplent notre planète sont soumis à une classification scientifique permettant de les ranger dans un « tiroir » spécifique compréhensible par tous. Cette classification a été établie par Carl von Linné, un naturaliste suédois.

Le chevreuil est classé dans l'embranchement des vertébrés parce que son squelette est articulé autour d'une colonne vertébrale. Il fait partie de la classe des mammifères, c'est-à-dire qu'il se reproduit de façon intra-utérine placentaire et que la femelle nourrit ses petits à la mamelle. De l'ordre des Artiodactyles, il fait partie de ces animaux (les Ongulés) qui possèdent des membres terminés par un nombre pair de doigts, en l'occurrence quatre, dont deux seulement sont porteurs. Son estomac à plusieurs poches fait de lui un ruminant.

Présence du chevreuil.

Répartition du chevreuil en Europe.

Il fait également partie de la famille des cervidés, du genre *Capreolus*. Cette famille se caractérise par la présence de bois caducs sur la tête des mâles, excepté pour les rennes et les caribous, dont les deux sexes sont porteurs. Le chevreuil serait plus proche de l'élan ou du renne que du cerf. Son nom latin est *Capreolus capreolus capreolus*.

La répartition géographique

Le chevreuil est présent en Europe et en Asie. De la Suède aux Balkans (excepté en Grèce) et à l'Espagne, il démontre ses grandes facultés d'adaptation aux différents climats et biotopes. Cependant, dans le sud de l'Europe, plus on descend en latitude plus il faut monter en altitude et rechercher les expositions à forte pluviosité pour le rencontrer. Il est présent en Russie jusqu'aux montagnes de l'Oural. Il est abondant en France, où on le rencontre sur la quasi-totalité du territoire continental. À l'heure actuelle, son expansion rapide lui permet d'espérer coloniser des régions qui jusque-là en étaient complètement dépourvues, notamment l'arc méditerranéen (zone du chêne vert et de la garrigue à chênes kermès). Il est absent des îles méditerranéennes, notamment de la Corse et de la Sardaigne.

Il est très présent dans l'est, le nord ainsi que dans le sud-ouest de la France. Ailleurs, la répartition est très inégale et les effectifs peuvent varier d'un à 10 animaux au km^2, en fonction de la richesse du milieu et du degré de colonisation. La densité moyenne en France se situerait aux environs de 0,93 animal aux 100 ha. La population totale de chevreuils en France continentale serait estimée à environ 1 500 000 têtes. Compte tenu des très grandes difficultés de recensement et de l'expansion rapide de l'espèce, ce chiffre est sans doute largement sous-estimé. L'espèce est soumise au plan de chasse et les prélèvements connus sont d'environ 500 000 animaux, ce qui, là aussi, est certainement une approche *a minima* de la réalité.

Ci-dessus : *Brocard au gagnage.*

Il existe deux autres sous-espèces. L'une en Asie, plus grande et plus lourde, le chevreuil de Sibérie *(Capreolus capreolus pygargus)*. C'est une espèce génétiquement différente, bien que le croisement entre les deux soit possible. Le chevreuil de Sibérie est très ressemblant à notre chevreuil, mais de stature plus imposante. Les mâles atteignent une cinquantaine de kilos et arborent des trophées impressionnants par rapport à nos chevreuils autochtones. Une autre sous-espèce, le chevreuil de Chine *(Capreolus capreolus bedfordi)*, est surtout présente en Corée, en Mandchourie et dans quelques provinces du nord-est de la Chine. Cette espèce est d'une taille comparable à celle du chevreuil de Sibérie.

Description et caractéristiques générales

Non, le chevreuil n'est pas un « cerf bonsaï », c'est une espèce à part entière. Certes, c'est un lointain cousin du cerf *(Cervus elaphus)*,

Ci-dessus : *Chevrette aux aguets.*

mais ce n'est pas une raison suffisante pour que de nombreux chasseurs (une hérésie !) s'évertuent encore à le nommer « biche », notamment dans le Sud-Ouest, ou pis encore de façon plus péjorative, « chèvre ».

Le mâle est dénommé **brocard** et la femelle, **chevrette**. Le jeune jusqu'à 6 mois est un **faon** et par la suite prend le nom de **chevrillard** quel que soit son sexe. Le chevreuil adulte mesure de 60 à 80 cm au garrot et pèse de 20 à 25 kg suivant les régions. Les mâles pèsent en moyenne de 2 à 4 kg de plus que les femelles. Dans les milieux très riches, certains sujets peuvent atteindre de 30 à 35 kg, mais cela reste exceptionnel.

Le chevreuil est anoure et sa conformation anatomique en fait un animal prédisposé au déplacement par bonds. Ses membres antérieurs sont relativement courts et les postérieurs plus longs et fléchis.

Comme la plupart des cervidés, le petit faon, en venant au monde, est vêtu d'un pelage roux parsemé de taches blanches très caractéristiques. Cette livrée est un excellent moyen de camouflage, qu'il va garder quelques mois, jusqu'à l'automne, pour prendre un pelage plus roux. Pour les adultes, la toison est soumise à deux mues. La mue de printemps (avril-mai) va permettre à un poil d'été court mais dense de remplacer le poil d'hiver. Dès le mois d'octobre, une nouvelle mue va permettre la pousse d'une toison d'hiver aux poils plus fournis, mais plus gris et plus ternes.

Chez les cervidés, le foie est volumineux et ne possède pas de vésicule biliaire. Le chevreuil n'échappe pas à la règle. Son estomac comprend quatre poches : la panse, qui est la plus grande, le bonnet, le feuillet et la caillette. Les aliments ingérés passent dans la panse et remontent dans la bouche pour une seconde mastication, après avoir transité par le bonnet. La digestion stomacale se termine dans le feuillet et la caillette. L'estomac du chevreuil est relativement petit par rapport au poids total de l'animal, ce qui l'oblige à de légères mais fréquentes prises alimentaires parmi des végétaux à haute valeur nutritive (protéines).

Les deux sexes possèdent, au niveau des pattes (métatarses), des glandes sébacées appelées « brosses », ainsi que des glandes interdigitales. Ce sont ces glandes qui vont laisser sur le sol un « sentiment » si agréable à la truffe de nos chiens. Le brocard en possède aussi au niveau des pivots, à la base des bois. Ces glandes produisent des sécrétions qui servent au marquage et à la communication entre individus.

Les sens

Les sens du chevreuil sont très développés.

• L'odorat

Son odorat fin et subtil lui permet de déceler des effluves même discrets à de grandes distances. L'information olfactive qu'il perçoit est sensible, fidèle et sélective. Le chevreuil capte et identifie beaucoup d'odeurs différentes liées à son environnement et aux événements qui s'y déroulent. Il mémorise parfaitement les odeurs, gage d'une certaine sécurité. Un observateur ou un prédateur potentiel sous le vent sera identifié à plusieurs centaines de mètres.

• Le goût

Étant très lié à l'odorat, le sens du goût est sûrement important, notamment dans les choix alimentaires. La présence d'éléments dans les plantes, tels ceux qui sont responsables du goût, jouent incontestablement un rôle prépondérant dans l'immense catalogue des végétaux à la disposition du chevreuil. Par exemple, la répulsion, voire l'aversion, exercée par l'amertume ou d'autres goûts suspects permet à l'animal d'éviter la consommation de nombreuses plantes toxiques. Le chevreuil est en fait un fin gourmet très sélectif et très exigeant qui n'établira ses quartiers que dans un environnement pouvant lui offrir la plus grande diversité floristique possible.

• L'ouïe

Toujours sur le qui-vive et très attentif aux bruits environnants, le chevreuil a l'oreille fine. Ses oreilles sont d'ailleurs relativement grandes, très ouvertes et mobiles, ce qui lui permet de capter les sons les plus ténus. Le chevreuil est en outre capable, comme beaucoup d'animaux d'ailleurs, de faire le tri entre les bruits qui lui sont familiers ou non inquiétants, et l'insolite, qui peut devenir dangereux pour lui. La moindre brindille que vous ferez craquer lors d'une approche et ce sera la fuite immédiate, alors qu'à moins de 200 m les tronçonneuses qui font un bruit assourdissant ne le dérangeront pas outre mesure.

• La vue

Sa vue, que l'on dit peu aiguisée, lui permet quand même de très bien surveiller son environnement. Sa curiosité naturelle lui fait adopter des comportements qui peuvent laisser penser que sa vue n'est pas trop perçante, il n'en est certainement rien. Comme beaucoup de mammifères, il perçoit assez mal les couleurs et ce sera toujours le contraste ou le mouvement qui l'alerteront. Est-ce pour autant sa myopie qui le fera s'approcher d'un probable intrus pour mieux l'identifier, rien n'est moins sûr.

• L'aboiement

Plus bavard que le cerf, le chevreuil émet une sorte d'aboiement répété très sonore dès qu'il est dérangé ou qu'il se sent menacé, que la perception de cette menace soit visuelle, olfactive ou sonore. L'aboiement peut traduire une agressivité envers ses congénères pendant toute la période de territorialité. Il peut s'agir aussi de cris de détresse si l'animal est surpris. Ce sera donc toujours un avertissement envers un prédateur potentiel, un concurrent ou un intrus,

Ci-dessous : *Tête de brocard.*

indiquant par là même qu'il a été repéré. Si pour le commun des mortels rien ne ressemble plus à un aboiement de chevreuil qu'un autre aboiement de chevreuil, pour celui qui sait écouter et s'aide un peu de la technique, ces vocalisations sont riches d'enseignements. En effet, on est tout près d'imaginer l'utilisation des enregistrements et des analyses vocales pour identifier des individus et mettre au point des méthodes novatrices de recensement.

La ramure

Le chevreuil étant un cervidé, il porte à ce titre des « bois ». Attribut spécifique des mâles, les bois sont des formations osseuses non médullaires. Ils sont caducs, c'est-à-dire qu'ils tombent et repoussent tous les ans, un peu à la manière des feuilles d'arbre. Le cycle de pousse et de croissance des bois est induit par la production des hormones mâles (testostérone).

Chez le chevrillard mâle, les premiers bois poussent dès le mois de septembre suivant sa naissance. Ils sont de petite taille et dépourvus de meule. On les nomme « broches » ou « broques », d'où certainement le nom de brocard pour désigner les mâles. Ces broches tombent en février. La repousse est immédiate et sera complète en principe en mai ou en juin.

Les chevreuils adultes perdent leur bois dès le début du mois d'octobre pour les sujets les plus âgés. Ce phénomène de chute est lié à la baisse du taux de testostérone en circulation dans le sang. Tombant avant la chute des feuilles, et de plus assez petites, les mues des chevreuils sont très difficiles à retrouver dans la nature.

Dès la chute des bois, une intense activité cellulaire de la peau va recouvrir les pivots. Le nouveau bois commence à pousser, c'est un os sans moelle recouvert d'une fine toison, le velours. Consécutifs à une forte minéralisation de l'os, les refaits sont terminés dès la fin de février pour les mâles adultes. Le développement optimal sera atteint au début de mars. On dit alors que le chevreuil « fraye », c'est-à-dire que les bois perdent leur velours en lambeaux plus ou moins sanguinolents lorsque le chevreuil les frotte contre les branches basses.

La vitesse de croissance des bois est d'autant plus rapide que l'animal est âgé. De 1,6 mm par jour en moyenne pour un chevrillard, la pousse peut atteindre 3,7 mm par jour en moyenne pour un vieux brocard. La ramure sera complètement refaite en une soixantaine de jours.

La ramure complète et triomphante donnera au mâle adulte une prééminence à la conquête de son territoire sur les plus jeunes. L'évolution du bois n'en est pas terminée pour autant. En été, après le rut, le bois totalement minéralisé est un organe mort et inerte. À la fin de l'été, la partie centrale du pivot devient spongieuse et il se forme une zone de scission entre le pivot et la meule. Le bois peut alors tomber.

La ramure du chevreuil évolue peu en envergure ou en nombre d'andouillers. Généralement « 6 cors », le brocard est à son apogée vers 4 à 6 ans. Des excroissances appelées « pierrures » ou « perlures » ornent le merrain, qui peut atteindre 25 cm de hauteur chez certains sujets. Le merrain est parcouru de sillons qui sont en fait le passage des vaisseaux sanguins qui irriguent le velours pendant la croissance des bois. Avec l'âge, la meule s'épaissit et la longueur du merrain a tendance à diminuer : on dit alors que l'animal « ravale ».

Une description standard des bois du chevreuil est tout à fait improbable tant la variation individuelle est grande. Il existe donc de

Cycle théorique des bois du chevreuil.

nombreuses variantes dans l'architecture et dans l'importance de la ramure chez le chevreuil. Cette ramure peut évoluer vers des formes et des allures moins conventionnelles. Parfois même, ce qui est souvent considéré comme des anomalies, les bois prennent des formes plus ou moins bizarres – « perruque », « corne de bélier », « mitre d'évêque ». On qualifie alors ces animaux de « tête bizarde ».

Ces anomalies peuvent provenir de chocs ou d'accidents pendant la période de croissance des velours. Elles sont généralement sans conséquences pour les années à venir. Si l'origine de la perturbation est organique ou parasitaire, l'anomalie se corrigera avec le rétablissement du fonctionnement normal l'année suivante. En revanche, si la perturbation est d'origine physiologique, voire génétique, la croissance des bois deviendra anarchique et pourra donner lieu à des formes et à des dimensions très spectaculaires. Une castration accidentelle va fortement perturber, et même compromettre, la pousse des bois.

La reconnaissance des sexes

Si ce n'était la présence des bois qui ornent la tête des mâles, bien peu d'indices permettraient, en leur absence (mue), de différencier les sexes. Tout au plus, pour un œil averti, la forme du corps, dont la masse est plus portée en avant

Ci-dessus : *Brocard et sa chevrette. Remarquez le pinceau pubien de la femelle.*

Pages suivantes : *Brocard en plaine.*

par les mâles, peut être un indice. Le pinceau pénien est parfois bien visible chez le mâle, et en pelage hivernal, la forme du miroir, tache blanche couvrant une partie de l'arrière-train, rappelle celle d'un rein ou d'un haricot, alors que celui de la chevrette serait plus cordiforme (pinceau pubien).

La détermination de l'âge

La détermination de l'âge chez le chevreuil observé dans la nature est très aléatoire. Sur pied, c'est la taille de l'animal et son pelage qui permettront de reconnaître les jeunes. Par la suite, il s'agira plus d'impressions générales et, pour qui connaît bien son territoire et ses habitants, la date de la chute des bois pourra situer l'individu dans sa hiérarchie.

D'une façon générale, un jeune sujet aura la tête courte et fine et le cou assez grêle. La tête sera portée haute, le corps est svelte et plutôt gracile, et l'animal sera en perpétuel mouvement, s'intéressant à tout ce qui l'entoure. Le chevreuil adulte sera plus robuste, son corps musclé, sa tête plutôt inclinée. Souvent seul, il paraît calme et très attentif à son environnement. Un vieux sujet se remarquera par une tête forte et souvent portée presque horizontale, par un cou fort et musclé, par un corps plus trapu et ramassé. Il sera très discret et la plupart du temps très méfiant, parfois même assez belliqueux envers ses congénères. L'ensemble de ces caractéristiques et de ces impressions est parfois très subjectif. Beaucoup d'observations et une parfaite connaissance de son territoire et de ses habitants seront nécessaires pour faire un minimum d'erreurs d'appréciation.

La lecture des mâchoires

L'examen de la mâchoire *(post mortem)* renseignera très bien sur l'âge du sujet examiné. Comme pour la plupart des mammifères,

Ci-contre : *Chevrette adulte.*

l'émergence et la forme des dents de lait et des dents définitives seront un indicateur sûr. Il conviendra tout de même, pour être plus précis, de posséder, pour le territoire intéressé, une collection de maxillaires de référence. En effet, d'une région à l'autre, en fonction de facteurs extérieurs, la croissance peut être plus ou moins rapide et les périodes d'émergence des dents peuvent se différencier un peu.

Jusqu'à 3 mois, le faon possède à la mâchoire inférieure 4 incisives, 3 prémolaires de lait dont la troisième est trilobée. La première molaire apparaît vers 4 mois. Les deuxième et troisième molaires percent au cours de l'année. La troisième molaire est nettement trilobée. Entre 12 et 14 mois, les prémolaires de lait sont remplacées par des dents définitives. La troisième prémolaire – trilobée en dent de lait – émerge bilobée en dent définitive. Cela est un élément très sûr pour différencier les animaux de moins d'un an des adultes. À 15 mois, c'est-à-dire au cours de sa deuxième année, la dentition du chevreuil est complète et définitive et comprend 4 incisives, 3 prémolaires et 3 molaires par demi-mâchoire inférieure. Comme chez tous les herbivores ruminants, il n'y a jamais d'incisives à la mâchoire supérieure. Par la suite, pour les animaux plus âgés, c'est l'importance de la plage d'usure des prémolaires et des molaires qui permettra de placer l'animal dans la classe d'âge qui lui convient.

La pesée du cristallin

À l'instar d'autres mammifères, la pesée du cristallin permet d'estimer l'âge de l'animal prélevé. Le cristallin est cette petite lentille transparente à l'intérieur de l'œil. C'est un véritable zoom qui permet de réfléchir les images avec plus ou moins de netteté sur la rétine. Son opacité provoque la cataracte.

La croissance du cristallin suit approximativement une courbe logarithmique avec une faible variation individuelle. Cette croissance se maintient au cours de la vie, et ce indépendamment d'autres facteurs de croissance (staturale ou pondérale). De plus, sa liaison à l'âge est beaucoup plus « mécanique » que les variations observées de la denture (éruption, chute, usure), qui dépendent fortement de facteurs externes.

La précision de la détermination de l'âge ne sera pas plus grande que par la lecture de la denture. En revanche, la méthode aura l'avantage d'être plus facile à mettre en œuvre pour l'étude d'un grand nombre d'animaux répartis sur de grands espaces. Il est plus facile, en principe, de prélever deux yeux à la fin de la chasse que de nettoyer, conserver et lire une mâchoire, à condition bien entendu de se mettre en relation avec un laboratoire équipé et maîtrisant la technique (INRA, ONCFS, écoles vétérinaires).

La courbe de référence a été calculée à partir d'animaux capturés dans la nature. Les recaptures par chasse de ces animaux marqués ont permis de dresser un abaque d'autant plus précis que l'animal est jeune. Cette méthode, qui nécessite la mise en œuvre d'un certain protocole, a en outre l'avantage du grand nombre de prélèvements possibles et gomme le biais induit par la lecture d'une mâchoire. Il s'agit d'une pesée.

Des coupes dentaires permettent aussi, si l'on compte les cernes d'accroissement du cément, d'avoir une bonne approche de l'âge du chevreuil. Comme pour la pesée du cristallin, cette technique, peu pratiquée en France, requiert un équipement spécifique.

Ci-dessous : *Chevrette et deux jeunes mâles.*

L'organisation sociale et le comportement

Le chevreuil n'est pas l'animal des grandes hardes. Individualiste et plutôt solitaire, il ne supporte guère ses congénères. Animal sédentaire, pour ne pas dire casanier, le chevreuil a un domaine plutôt restreint. Certains individus sont tout à fait capables de passer toute leur existence sur une surface de moins de 50 hectares.

À la période du rut, le territoire du mâle peut être très réduit (de 10 à 40 ha), et il en interdira l'accès aux mâles compétiteurs soit physiquement par son agressivité, soit par le marquage de son territoire. Cependant, dans le cas d'une forte densité, il pourra tolérer un jeune mâle qui n'aura pas encore de prétention territoriale. Au printemps et en été, lorsque ses bois sont « faits », le brocard, pour marquer les limites de son territoire et sa présence, gratte le sol avec ses pattes et, ce faisant, dégage des petites placettes très reconnaissables : ce sont les grattis. Il frotte aussi sa tête sur la tige des jeunes arbres jusqu'à en détacher l'écorce en lambeaux ; ce sont les frottis qui peuvent être à l'origine de graves dommages sur ces jeunes sujets. Grattis et frottis associés sur une même place prennent le nom de « régalis ».

De même que chez de nombreuses espèces de mammifères, la cellule sociale de base est de type matriarcal : elle est composée de la chevrette qui est suivie de son ou de ses faons de l'année. Cette structure est très éphémère et ne reste stable que pendant une courte période de 10 à 11 mois. Les liens qui unissent la chevrette à ses faons sont forts, même si en apparence elle met toujours une certaine distance entre elle et ses petits. À la naissance et pendant les jours qui suivent, les faons sont séparés et leur mère est gîtée à plusieurs dizaines de mètres d'eux. Leur immobilité, leur livrée et cet « éparpillement » sont sans doute un gage de sécurité. Le fait de trouver en forêt un tout petit faon isolé ne signifie pas du tout qu'il soit abandonné.

À gauche : *Chevrette et son chevrillard.*

Deux types d'activité sociale

Au cours de l'année, on distingue deux types d'activité sociale assez différents. D'avril à octobre, le comportement est plutôt individualiste. Les chevrettes élèvent leurs jeunes et les mâles sont plus territoriaux (rut). C'est à cette époque que se rencontrent le plus souvent les associations femelles-jeunes ainsi que mâle-femelle adultes. La territorialité des mâles se manifeste plus en milieu fermé (forêt) et en densité de population plus faible. Une plus grande tolérance semble s'instaurer, surtout à l'égard des jeunes (subadultes), dès que le milieu devient plus ouvert (agrosystème).

Par la suite, c'est-à-dire principalement en hiver, les animaux ont tendance à se regrouper, les mâles moins territoriaux deviennent plus tolérants. Des regroupements familiaux peuvent alors se produire, mais ils ne donneront jamais lieu à la formation de très grosses hardes. C'est pendant cette période de l'année que l'on rencontre le moins d'animaux isolés, et l'influence du milieu semble jouer un très grand rôle. Plus le milieu est ouvert (bocage, plaine cultivée), plus le nombre d'individus dans l'association augmente.

On peut voir dans ce comportement les réminiscences d'une stratégie contre la prédation, en souvenir des temps lointains où le chevreuil était la proie des grands carnivores. Comme pour tous les herbivores sauvages, la survie est sans doute un compromis entre manger pour survivre et être vigilant pour échapper à un éventuel prédateur. Dans certains cas, plusieurs animaux groupés peuvent passer individuellement plus de temps à s'alimenter, tout en conservant une même efficacité globale de vigilance. Plus il y a d'yeux pour surveiller l'environnement, moins chacun y consacrera de temps.

Il est à noter qu'en hiver le chevreuil développe un miroir très voyant qui contraste fort avec sa robe plutôt grise. En cas de danger, les poils se redressent, augmentant ainsi la dimension du miroir et le contraste. Il peut s'agir là d'un signal d'alerte bien perçu par le reste du groupe, assurant ainsi une bonne cohésion dans la fuite.

L'expansion de l'espèce se fait à partir de l'émigration des jeunes au printemps. Ils s'installent çà et là à la périphérie du domaine des adultes. Les mâles dominants écartent les jeunes mâles et les femelles gestantes rejettent leurs jeunes de l'année précédente. La colonisation de nouveaux territoires se fera d'autant plus rapidement que les capacités d'accueil seront satisfaisantes (ressource alimentaire) ou que des places auront été rendues disponibles par la disparition d'animaux dominants (chasse ou accident).

Les rythmes d'activité

Sur une période de 24 heures, l'activité du chevreuil est conditionnée, d'une part, par les

Ci-dessous : *Regroupements familiaux en hiver.*

déplacements et l'alimentation et, d'autre part, par le repos et la rumination. Toutes les observations montrent que d'une façon générale le chevreuil fractionne ses prises alimentaires en huit à douze fois. Il mange peu, mais souvent. Entre chaque phase d'alimentation, il y a soit un déplacement, soit du repos, consacré au sommeil ou à la rumination.

C'est au lever du jour et en fin de journée que l'on note le pic d'activité des chevreuils. Cependant, des suivis précis, notamment grâce à la télémétrie, ont permis de remarquer qu'au printemps et en été un regain d'activité est observé en milieu de journée, alors qu'en période de jours plus courts (en automne et en hiver) ce regain d'activité est plutôt nocturne. Les conditions météorologiques ont peu d'influence sur les rythmes d'activité des chevreuils.

La reproduction

Le comportement des mâles

La maturité sexuelle de la chevrette est atteinte dans la plupart des cas vers l'âge de 14 à 15 mois. La période d'œstrus est brève (48 heures au maximum). Pour les mâles, la puberté proprement dite est atteinte dès le mois de mars suivant la naissance ; c'est d'ailleurs à ce moment que poussent ses premiers bois véritables. À cette époque, le comportement territorial du jeune n'est pas encore affirmé.

L'activité sexuelle du chevreuil se situe en période de « jours longs », c'est donc en été, entre le 14 juillet et le 15 août en moyenne, que va se situer la période du rut. À cette époque, les mâles deviennent de plus en plus agressifs et territoriaux. Les combats sont rares, alors que les poursuites et autres manifestations d'intolérance se multiplient. Les mâles marquent de plus en plus leur territoire, grattis et frottis augmentent. Les vocalises (aboiements) sont plus fréquentes. L'accouplement est assez rapide, sans trop de préliminaires.

Ci-dessus : *L'activité sexuelle du chevreuil se situe en été.*

La gestation et la mise bas

Le processus de gestation comporte un phénomène appelé diapause embryonnaire ou ovo-implantation différée. Cette particularité se retrouve d'ailleurs chez d'autres espèces, des mustélidés notamment, tels que la martre, la fouine ou le blaireau. Après la fécondation, l'œuf ainsi formé évolue pendant quelques jours et se niche dans un repli des cornes utérines avant de migrer vers l'utérus. Le développement de l'embryon s'arrête jusqu'en décembre-janvier. Cette première phase de progestation dure environ 170 jours. Il est donc très difficile, sans examen spécifique, de se rendre compte d'une fécondation existante pendant l'hiver. À la chasse ? On tue rarement une femelle pleine, ce qui est rassurant et pour cause !

À partir de la fin de l'hiver ? La gestation proprement dite commence et durera 130 jours environ. Pendant cette période,

Ci-contre : *Chevrette allaitant son faon.*

l'embryon évolue normalement pour une mise bas qui interviendra en mai-juin. C'est en effet à cette période que ces petits herbivores trouveront une nourriture riche et abondante, permettant une lactation suffisante et de qualité nécessaire aux jeunes faons. Sans cette ovo-implantation différée, le rut ayant lieu en été, les naissances se passeraient en plein hiver, époque bien peu propice à l'élevage des jeunes.

Les naissances de jumeaux sont généralement la règle, même pour les primipares, dans de bonnes conditions d'alimentation. Il est admis pour l'espèce une moyenne de 1,8 faon par femelle. Il est parfois observé des triplés. La lactation dure en principe jusqu'en automne. Cependant, très tôt après leur naissance, les faons commencent à prélever de la nourriture végétale. En principe, une chevrette est féconde pendant toute sa vie, qui malheureusement, en territoire chassé, n'est sans doute pas très longue.

L'élevage des jeunes

Après la mise bas, les faons sont tenus à l'écart de leur mère et parfois même isolés les uns des autres. Leur immobilité et leur livrée tachetée sont leur unique mais efficace défense. La chevrette, même si elle n'est pas au contact direct de ses jeunes, ne les abandonne pas pour autant. Ne jamais toucher et encore moins déplacer un faon trouvé en forêt est une règle essentielle à la survie de ces animaux. Tous les ans, malgré une campagne d'affiches et d'information, un grand nombre de faons sont voués à la mort par la

Cycle de reproduction de la chevrette.

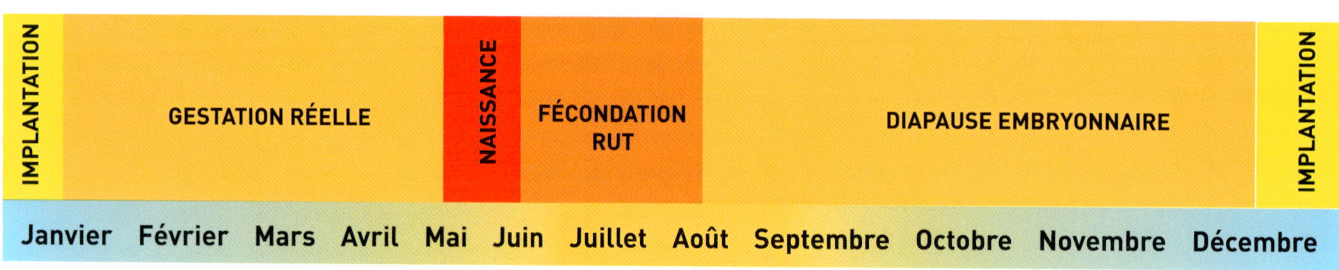

faute de gens ignorants et pourtant plein de bonne volonté et d'intentions louables. « NE LE TOUCHEZ PAS », telle est la règle.

La mortalité juvénile est difficilement contrôlable, mais n'est sans doute pas nulle. De mauvaises conditions climatiques au moment de la naissance, une déficience physiologique de la mère, des causes accidentelles (récoltes) ou simplement de la prédation (chiens errants, renards, sangliers...) peuvent en être les causes essentielles.

Le régime alimentaire

Pour l'observateur attentif, le chevreuil apparaîtra comme un petit animal plus gourmet que gourmand, très sélectif dans ses choix alimentaires. Herbivore ruminant, la faible taille relative de son appareil digestif ne lui permet pas d'ingérer de très grandes quantités de nourriture, ce qui l'oblige donc à rechercher des espèces à haute valeur nutritive. Dans ce cas, les plantes qui seront recherchées devront satisfaire les apports en énergie, en matières azotées, en sels minéraux, en eau et, bien entendu, devront être exemptes de toxicité.

Les espèces recherchées

En ce qui concerne les apports énergétiques, cela ne pose pas de problème à la bonne saison. En revanche, en hiver, où la valeur nutritive des plantes est moindre, il s'agit pour le chevreuil de trouver un compromis entre l'énergie espérée et celle qui est dépensée pour la recherche de nourriture. Il consomme alors une partie de ses réserves graisseuses accumulées à l'automne, époque de forte ressource grâce à la présence de nombreux fruits forestiers, voire de résidus de récoltes (maïs).

Les matières azotées se trouvent principalement dans les légumineuses sauvages ou cultivées (lotier, trèfle, luzerne) et ne semblent pas poser de problèmes majeurs. Les sels minéraux, dont la consommation est indispensable, surtout au moment de la pousse des bois et de la gestation, doivent pouvoir être trouvés dans les plantes consommées. Certaines espèces (charme, saule, pin), dont l'écorce, riche en sels minéraux et en oligoéléments, sont très appréciées des chevreuils.

Ci-dessous : *Jeune faon bien caché dans les herbes hautes.*

Les blocs de sel mis en forêt sont aussi régulièrement visités. L'eau contenue dans les végétaux semble être suffisante pour couvrir une grande partie des besoins. Il est vrai qu'il est assez rare de voir un chevreuil se désaltérer à un point d'eau.

Les plantes toxiques

Pour ce qui est de la toxicité de certaines plantes, c'est un peu plus complexe. En effet, des spécialistes ont mis en évidence que les relations entre les herbivores sauvages et les plantes se trouvant dans leur environnement seraient régies par des phénomènes de coévolution : les plantes auraient développé au cours du temps la possibilité de synthétiser des substances plus ou moins toxiques, susceptibles de les protéger contre leurs principaux consommateurs et, en retour, les animaux auraient acquis, par un mécanisme adaptatif comparable, la possibilité de dégrader ces substances toxiques devenant ainsi tout à fait consommables. La consommation des champignons, sans être très importante, est souvent notée dans les contenus stomacaux analysés. Il s'agit, en général, d'espèces reconnues non toxiques pour l'homme, même si, pour certaines, on hésiterait peut-être à les mettre dans une omelette !

Un consommateur éclectique

Les principales caractéristiques de l'activité alimentaire du chevreuil sont, d'une part, le besoin de fractionnement, de 8 à 12 périodes de prise et de rumination par 24 heures, et d'autre part, la grande variabilité des espèces végétales utilisées. Le chevreuil est un gourmet cueilleur généraliste et sélectif qui, étant donné sa grande sédentarité, doit pouvoir trouver sur son domaine une variété de végétaux répondant à ses exigences alimentaires.

Il n'est donc pas facile d'énoncer un « menu » pour le chevreuil. L'analyse des contenus stomacaux permet tout au plus d'établir un catalogue des espèces utilisées pour un territoire déterminé. Peu consommateur de graminées, il n'est pas brouteur, comme peut l'être le cerf, il porte plutôt son choix vers des dicotylédones (trèfle, lamier, gesse, etc.) et des espèces ligneuses ou semi-ligneuses (chêne, charme, frêne, saule, sapin, épicéa, pin, etc.). Le lierre, les myrtilles, le

Ci-contre : *Le chevreuil est très sélectif dans ses choix alimentaires.*

framboisier et, surtout, la ronce et le chèvrefeuille, espèces abondantes dans les sous-bois bien ensoleillés, sont aussi très prisés.

L'utilisation de telle ou telle espèce est fonction de son appétence, mais aussi de sa disponibilité (saison). Les graminées et les dicotylédones ainsi que les essences à feuilles caduques seront dégustées pendant leur période active de végétation. Le lierre, la ronce et les résineux, bien qu'utilisés toute l'année, seront quand même davantage consommés en hiver. Tous les fruits forestiers sont dégustés ainsi que les plantes cultivées (céréales, maïs, luzerne, betteraves...) ; en revanche, le colza ne semble pas être particulièrement apprécié.

Les conséquences de sa présence sur les cultures

Les dégâts occasionnés par les chevreuils sont d'importance très variable. L'alimentation proprement dite entre pour une fraction minime dans la globalité des dommages. Cela est dû en grande partie au faible taux de grégarité du chevreuil et à la diversité de ses choix alimentaires. Le dommage le plus fréquent est l'écimage des jeunes plants forestiers, qui compromet la bonne croissance du futur arbre. Ce type de dégâts sera d'autant plus important que les plantations seront uniformes et « trop bien entretenues ». Il est souvent préférable de laisser une végétation adventice s'installer dans une plantation, au risque de freiner un peu la croissance des arbres, plutôt que de supprimer toute la végétation concurrentielle indispensable au chevreuil. Les dégâts dans ce cas sont difficilement évitables. Dans ce domaine, « le mieux est souvent l'ennemi du bien ». Il serait parfois plus judicieux et plus rentable, à terme, de privilégier la survie du plant plutôt que sa croissance optimale. Mieux vaut un arbre poussant peu qu'un arbre mort !

Des dommages limités en plaine

En ce qui concerne les populations dites « de plaine », c'est-à-dire celles d'animaux vivants presque exclusivement en agrosystème et en milieux ouverts, on pourrait craindre le pire. Or des études récentes ont montré qu'il n'en était rien. Les dégâts sur les plantes de grande culture sont, sinon insignifiants, du moins sans commune mesure avec ceux qui sont causés par les cerfs ou les sangliers. Mais si les dommages aux cultures sont globalement limités, ils peuvent ponctuellement être importants. Certaines cultures, comme le fraisier ou la vigne, peuvent être visitées par les chevreuils avec de graves conséquences, surtout au départ de la végétation.

Ci-dessus : *Regroupement de chevreuils en « plaine ».*

Pages suivantes : *Les chevreuils n'occasionnent que peu de dégâts aux cultures.*

Ci-contre : *Écorçage par frottis.*

L'écorçage des arbres

Une autre forme de dégâts souvent rencontrée sur les territoires vifs en chevreuils est d'ordre comportemental : il s'agit de l'écorçage par frottis au moment de la fraye des bois et à la période du rut (marquage du territoire). Ce sont surtout de jeunes arbres (de faible diamètre) et les essences odoriférantes (douglas, épicéas, pins, cèdres, mélèze...) qui sont les plus touchés. Le chevreuil coince la jeune pousse entre ses bois au niveau des meules et, par des mouvements de va-et-vient, déchire l'écorce. En pleine végétation, à 1 m de haut environ, le jeune plant est généralement condamné.

Quels systèmes de protection ?

Des systèmes de protection existent : ils sont généralement coûteux, surtout à la mise en place, et pas toujours très efficaces. Il s'agit le plus souvent de tubes-serres ou de filets de protection en matière plastique nécessitant la plupart du temps un piquet de soutien. Des dispositifs autoportants du type « arbres en fer » sont aussi utilisés avec des fortunes diverses. Dans certains secteurs à très forte densité d'animaux et pour des plantations ou des coupes de régénération importantes, une clôture totale est bien plus rentable, et surtout plus efficace, à condition toutefois d'être suffisamment haute, le chevreuil étant un excellent sauteur. Dans le domaine de la protection, la réflexion doit se porter en amont et évaluer les divers facteurs de risques. Il sera toujours plus rentable d'agir sur le type de plantation, le choix des essences, les travaux d'entretien et la maîtrise des populations que sur la protection individuelle des plants, qui ne sera toujours qu'un pis-aller. Mais les litiges et les conflits sont souvent là pour nous rappeler que les divers « utilisateurs » de la nature ne partagent ni les mêmes points de vue ni les mêmes objectifs.

Les maladies et les parasites

D'une façon générale, les populations de chevreuils en France sont saines, mais il ne faut pas douter que, parmi toutes les causes de mortalité, maladies et parasitisme ont une part non négligeable. Dans la nature, la disparition rapide des cadavres d'animaux malades et la difficulté pour les chasseurs à reconnaître les symptômes des nombreuses maladies et affections dont peuvent souffrir les chevreuils font qu'elles passent souvent inaperçues. La pathologie du chevreuil est bien connue des spécialistes. L'Office national de la chasse et de la faune sauvage (ONCFS) a d'ailleurs mis sur pied depuis plusieurs années un réseau d'enquête et de recueil des informations sanitaires du gibier sur le plan national (le réseau SAGIR).

Les maladies infectieuses

La plupart des maladies qui affectent les ruminants domestiques sont susceptibles de toucher les cervidés et, par conséquent, les chevreuils. Il faut cependant noter que, dans la nature, la faible concentration des animaux, la disparition rapide des sujets faibles et certainement une résistance génétique supérieure font que ces maladies sont relativement rares.

Une affection de la mâchoire, l'**actinomycose**, due à une bactérie *(Actinomyces bovis)*, peut entraîner des lésions graves gênant considérablement la mastication et la rumination. Cette affection peut rapidement être fatale au chevreuil, par un affaiblissement rapide, dû au manque de nourriture.

La **brucellose**, responsable entre autres de la fièvre de Malte, transmissible à l'homme, peut atteindre les ruminants sauvages comme le chevreuil. Ce sont surtout les femelles gestantes qui en sont atteintes et qui avortent. La propagation de la maladie se fait surtout à partir des enveloppes fœtales et des faons mort-nés.

La **fièvre aphteuse**, très surveillée et contrôlée chez les animaux domestiques, peut se transmettre aux chevreuils. Une attention toute particulière à cette maladie sera portée en cas d'épizootie en région d'élevage. Les principaux symptômes sont la présence d'aphtes sur les lèvres et sur le nez et des abcès sur les onglons qui entraînent des boiteries.

La **rage**, maladie virale transmise par les carnivores sauvages ou domestiques, est en extension en France. Même si elle est rare chez les cervidés, ceux-ci ne sont pas épargnés pour autant et, dans les cas graves, ils perdent toute crainte à l'égard de l'homme et des autres animaux. La mort survient soit par paralysie des muscles respiratoires, soit par atteinte du système nerveux. Seules des méthodes de prévention peuvent permettre de freiner l'extension de la maladie. Parmi celles-ci – et qui concerne au premier lieu les chasseurs – la vaccination de tous les chiens de chasse et leur tenue au chenil en dehors de l'action de chasse. Le maintien des populations de renards à un seuil raisonnable et,

Ci-contre : *Chevrillard avec ses premières « braques » en velours.*

surtout, la surveillance et la limitation des chiens errants, qui sont des vecteurs très importants de la maladie.

Le **tétanos**, dont le bacille responsable est très répandu dans la nature, affecte en priorité les animaux porteurs de plaies, ce qui malheureusement n'est pas rare, en particulier dans les secteurs où le tir à grenaille est la règle. On s'attachera à ne laisser aucun animal blessé dans la nature.

Dans tous les cas où il y aura suspicion d'une affection quelconque, le chasseur prendra des précautions de manipulation (des gants) et se mettra le plus vite possible en rapport avec les services vétérinaires de son département afin d'établir un diagnostic précis et de prendre les mesures nécessaires.

Les maladies parasitaires

Les maladies parasitaires qui affectent les chevreuils sont principalement dues à des helminthes (vers parasites) que sont les nématodes, les cestodes ou les trématodes.

• La grande douve

Elle est responsable de la **fasciolose**, qui contamine les animaux s'alimentant près des lieux humides. Ce trématode a besoin d'un hôte intermédiaire, en l'occurrence une limnée, petit escargot conique, pour se développer. Le parasite s'installe dans les voies biliaires après avoir migré au travers de la paroi intestinale. Les animaux atteints manquent de tonus, sont souvent amaigris et en mauvais état général (pelade). Dans les cas graves, le foie est hypertrophié et présente à la coupe des canaux biliaires déformés.

• Les ténias

Les ténias, dont le responsable est un cestode, affectent principalement le chevreuil. Ces vers plats très longs (de 6 à 10 m) passent par un hôte intermédiaire, un acarien (l'oribate). Sous différentes formes en fonction de l'espèce, les ténias parasitent le foie, l'intestin ou les muscles. Certaines formes sont transmissibles à l'homme (le ver solitaire). Ces parasites transitent souvent par les carnivores, essentiellement par le chien. On aura toujours soin

À gauche : *Chevrette gestante.*

d'éliminer les viscères des animaux (incinération ou chaux vive) et en aucun cas ils ne seront laissés à disposition des chiens.

• La strongylose intestinale

Cette maladie est causée par de très petits nématodes, qui provoquent des gastroentérites affectant gravement les sujets atteints. Des troubles de la croissance des bois et la présence de diarrhées doivent alerter le gestionnaire d'un territoire. À ces formes intestinales sont souvent associées des strongyloses pulmonaires dont le parasite d'origine passe par un hôte intermédiaire qui peut être un escargot ou une limace absorbés inopinément. Ces parasites provoquent la **bronchite vermineuse**. Au toucher, le poumon atteint présente des petits nodules très perceptibles ainsi que des taches. La présence de vers dans la trachée et les bronchioles doit alerter l'observateur.

Les parasites externes

Ce sont principalement les tiques (acariens) qui parasitent les chevreuils, en se nourrissant de leur sang. Elles n'ont généralement pas d'incidence directe sur la santé des animaux, sauf en cas de surabondance. Dans ce cas, elles peuvent affaiblir les sujets atteints, provoquant une sorte d'anémie très handicapante. Ces tiques, pas très regardantes sur la qualité de leur hôte, sont en outre très désagréables pour le chasseur lors des manipulations.

Les **œstres du larynx** sont fréquents chez le chevreuil. Il s'agit d'un diptère (mouche) qui pond ses œufs dans les naseaux des animaux. De très grosses larves (de 20 à 40 mm) se développent alors dans les cavités nasales, les sinus et le larynx, provoquant une toux spasmodique. Leur prolifération peut entraîner une forte gêne respiratoire, voire dans certains cas une infection grave des voies respiratoires et digestives supérieures.

Une autre mouche parasite provoque chez les cervidés une affection grave de la peau, c'est l'**hypodermose** (varron). La larve, issue d'œufs pondus dans la toison, se développe entre le cuir et la peau et provoque des lésions cutanées parfois importantes.

La **mouche-araignée du cerf** est un parasite presque aptère (sans ailes) ressemblant à un gros pou. Fréquente sur tous les cervidés, elle se nourrit de sang et, dans certains cas, sur des animaux déjà affaiblis par d'autres causes, elle peut aggraver la situation. Comme les tiques, ce diptère est très éclectique dans ses choix – peu importe l'hôte –, il peut très bien se retrouver sur le chasseur qui aura manipulé un animal infesté. La piqûre est anodine mais déclenche de fortes démangeaisons.

Ci-contre : *Un champ de blé est un milieu « fermé » très acceptable et sécurisant.*

Ce catalogue de maladies et d'affections diverses n'est pas exhaustif, et dans tous les cas où il y aura un doute sur la bonne santé d'un animal, il sera judicieux d'alerter les services vétérinaires compétents ou le garde de l'Office national de la chasse et de la faune sauvage, responsable du réseau SAGIR du département. Dans ce domaine, il serait sans doute judicieux que les responsables de la chasse en général (institutionnels ou associatifs) s'interrogent à propos de la formation dans les équipes de chasseurs d'un responsable sanitaire qui saurait quand, où et comment examiner la carcasse d'un animal mort. Cette formation serait sans doute très efficace et tout aussi pertinente que celle qui consiste à connaître sur le bout du doigt la VO du 300 Win magnum ou la DRO de la 444 Marlin !

Ci-dessus : *La route est une cause importante de mortalité.*

La mortalité naturelle ou accidentelle

Comme tout animal vivant dans la nature, le chevreuil est soumis aux aléas de la vie sauvage et, en premier lieu, à la convoitise de ses prédateurs. Hormis l'homme, qui le chasse avec assiduité, peu d'autres prédateurs s'en prennent aussi le chevreuil. Pour les chiens errants, le renard, le sanglier, le lynx, le loup, voire l'ours, le chevreuil est certes une proie potentielle. Sa méfiance naturelle et son agilité font que c'est une proie assez difficile à capturer. Les jeunes sujets sont visés en priorité et, même si leur camouflage est efficace, ils ne sont pas pour autant à l'abri d'une dent gourmande. Les sangliers, qui ne sont pas à proprement parler des prédateurs, mais qui, rappelons-le, sont des omnivores opportunistes, peuvent dans certains cas se régaler d'un faon qui vient juste de naître, attirés par les effluves de la mise bas. Pour les autres carnivores (lynx, loup, ours), leur faible densité, leur répartition et l'abondance de proies autrement plus faciles à capturer qu'un chevreuil ne représentent pas un grand danger, même s'il n'est pas nul.

Les pertes accidentelles par noyade dans certains canaux pas ou mal aménagés ne sont pas rares. Les déchets de liens servant à la récolte du fourrage, trop souvent abandonnés dans la nature, sont quelquefois à l'origine de la mort d'un chevreuil dont les bois se sont empêtrés dans ces collets traîtres et imprévisibles. On a pu trouver çà et là un chevreuil pris dans les mailles d'une clôture ou coincé dans une fourche d'arbre, ou encore, fait assez rare, deux brocards, les bois emmêlés à la suite d'une joute amoureuse qui a mal tourné. Mais sans nul doute la cause la plus fréquente de mortalité accidentelle est provoquée par les accidents de la route. Dans ce domaine, les statistiques – lorsqu'elles existent – sont si floues qu'il n'est guère facile de se faire une opinion. Cependant, il n'est pas douteux que les chevreuils paient un lourd tribut à la circulation routière. Les panneaux de signalisation ne sont pas mis au hasard au bord des routes. Ils doivent attirer l'attention des automobilistes. Un chevreuil ou tout autre animal peuvent surgir à tout moment. Ces panneaux ne sont pas là, c'est évident pour servir de cible à quelques « fusillots » ou autres hurluberlus en mal de pétarade, qui donnent là une bien piètre image du monde de la chasse.

Une autre source de mortalité importante est d'origine agricole. La grandeur et la vitesse de certaines machines (faucheuses, ensileuses, moissonneuses) laissent peu de chances à un jeune faon que sa mère aura déposé au beau milieu d'un champ. Même si certains dispositifs effaroucheurs peuvent équiper les machines, leur efficacité n'est pas, loin s'en faut, sans faille.

On peut aussi classer parmi les causes de mortalité non contrôlées celles qui sont dues aux animaux blessés à la chasse. L'utilisation de munitions mal adaptées au tir du chevreuil, ou simplement le peu d'empressement que mettent certains chasseurs à chercher et à retrouver un animal blessé, fait que beaucoup trop de chevreuils agonisent et périssent sans que personne ne s'en soucie. Enfin, les braconniers, par définition très discrets, prélèvent une part non quantifiable mais certainement non négligeable de ce petit cervidé si facile à dissimuler.

Les indices de présence

Certes, ce petit cervidé est relativement discret, mais pour un observateur attentif, sa présence est facile à vérifier. En premier lieu, dès que vous entrerez dans son domaine, vous serez considéré comme l'intrus, et un aboiement rageur vous informera de votre audace. Immobilisez-vous et attendez. Vous ne tarderez pas à voir sa silhouette : il vient aux nouvelles et veut absolument savoir ce qui l'a si outrageusement dérangé. Sa curiosité et son fort instinct territorial passent avant ses craintes et ses peurs. En outre, ses rythmes d'activité, très fractionnés tout au long de la journée, font qu'à tout moment on peut surprendre un chevreuil sur pied.

• L'empreinte

La présence du chevreuil est souvent révélée par son pied, dont la forme assez petite (3 x 5 cm) s'inscrit plutôt dans un triangle. Il ne peut être confondu ni avec le pied d'un jeune sanglier, plus carré, ni avec celui d'un faon de cerf, qui sera plus grand et rarement dissocié de celui de la biche. Le pied du brocard est sensiblement plus grand que celui de la chevrette mais n'est pas, loin s'en faut, un indice suffisant pour le reconnaître à coup sûr. La voie, qui est l'écartement moyen des pieds, est de l'ordre de 8 à 15 cm ; l'allure, ou longueur du pas, est de 30 à 70 cm. Certains chasseurs, la foi chevillée au corps, sont persuadés de pouvoir définir sexe et âge à la seule vue d'une trace. C'est parfois possible avec une très grande expérience. Ce qui est sûr, c'est que pour le sexe il n'y a, somme toute, qu'une chance sur deux de se tromper ! Quant à l'âge, encore faut-il attraper le chevreuil et savoir lire sa mâchoire, ce qui est loin d'être facile.

• Les grattis

En période de territorialité, et pour marquer son domaine, le brocard gratte le sol avec ses sabots, sur de petites surfaces. La placette ainsi dégagée prend le nom de grattis. La fréquence des grattis serait plus grande en périphérie du territoire, montrant bien par là que c'est un comportement très significatif de marquage des limites.

• Le marquage odoriférant

À la sortie de l'hiver, et surtout au printemps, le brocard va marquer les limites de son territoire en déposant sur la végétation basse des substances odoriférantes qui proviennent de ses glandes frontales. Il choisit alors des brins dont le diamètre passe bien entre les meules et, par des mouvements de va-et-vient, il arrache l'écorce tendre de l'arbrisseau et y

À droite : *La curiosité et le fort instinct territorial du chevreuil passent avant ses craintes et ses peurs.*

Ci-dessus : *Brocard aux aguets.*

imprime son odeur. Des études récentes ont mis en évidence que le choix de l'arbre à frotter n'était sans doute pas le fait du hasard. Par exemple, au sein d'une plantation de pins maritimes, les sujets d'un diamètre plus faible sont frottés en priorité. La végétation au sein de la parcelle aurait aussi son influence : plus celle-ci est dense, moins il y a d'arbres frottés. Les chevreuils étant obligés de créer des coulées, ils n'atteignent et ne frottent que les sujets proches de ces passages. D'où peut-être l'intérêt de ne pas trop débroussailler les jeunes plantations. Compromis délicat lorsqu'il faut choisir ou qu'une administration tatillonne subordonne l'octroi de certaines subventions au « bon » entretien de la parcelle. La concurrence d'une végétation adventice est souvent préférable à la pression des chevreuils.

• Les régalis

Comme pour les grattis, les frottis seraient plus fréquents sur les zones de lisière. Grattis et frottis associés sur une même place prennent le nom de régalis. Leur importance indique le degré de territorialité du résident.

• Les moquettes

Les moquettes sont le nom donné aux crottes du chevreuil. Elles sont assez caractéristiques et on ne peut les confondre avec celles d'autres espèces. Noires, brillantes, de forme régulière, ces petits « cachous » de 1 à 1,5 cm de long sont rassemblés en petits tas, parfois plus souvent dispersés. La couleur et la consistance des moquettes varient suivant la saison, un peu plus molles et agglomérées au printemps, plus compactes et dures en hiver.

• La reposée

Le moins facile à repérer de tous les indices est la reposée. Elle est révélée par une simple dépression dans la végétation. L'herbe couchée par le chevreuil se relèvera très vite. La tiédeur de la couche prise avec le dessus de la main révélera une utilisation très récente. Vous venez de déranger un chevreuil, il n'est sans doute pas très loin. Un œil attentif et exercé repérera peut-être quelques poils perdus sur la couche.

• La mue

Dès le mois d'octobre, l'observateur, certainement plus chanceux qu'attentif, trouvera peut-être une mue. C'est le signe indéniable qu'un brocard est dans le secteur. Il faut faire vite. À cette époque de l'année, les feuilles tombent rapidement et recouvriront ces petits trophées qui seront rapidement détruits par les rongeurs.

Si, sur certaines espèces, et à certains moments de l'année, les conséquences de l'at-

À droite : *Animal de lisières, le chevreuil colonise plutôt des espaces fractionnés où alternent les bosquets et les clairières.*

titude du chevreuil sur les végétaux est remarquable, ce n'est pas toujours le cas. Il faut faire preuve de beaucoup d'attention pour attribuer tel ou tel abroutissement au chevreuil. Au niveau du sol, beaucoup d'autres herbivores peuvent consommer les mêmes espèces. En y regardant de très près, au niveau de la coupe, on s'apercevra qu'elle est moins nette lorsqu'il s'agit d'un chevreuil, qui n'a pas d'incisives à la mâchoire supérieure, à l'instar d'un lièvre ou d'un lapin ; ceux-ci feront une coupe plus franche parce qu'ils sont des rongeurs. En revanche, si c'est un cerf ou une biche, il sera presque impossible de faire le distinguo en dehors d'autres indices.

L'habitat et le domaine vital

Vu l'expansion rapide de l'espèce (du chevreuil, il y en a presque partout), il est donc particulièrement difficile de donner une définition exacte et globale de son habitat. En effet, ce petit cervidé, herbivore exclusif, s'adapte à de nombreux types de paysages. Toutefois, les biotopes qui seront choisis préférentiellement par le chevreuil seront ceux qui lui offriront une sécurité optimale et des choix alimentaires le plus vastes et le plus diversifiés possibles.

Animal de lisières, il colonisera plutôt des espaces fractionnés où alternent les bosquets et les clairières. La déprise agricole et la modification des pratiques culturales, qui rendent à la nature de plus en plus d'espaces, surtout dans les zones de piémont ou de moyenne montagne, sont un atout supplémentaire à l'implantation du chevreuil. Par la nature même de son comportement et de ses exigences, il y a peu d'endroits que cette espèce ne puisse coloniser. La conséquence directe de cette déprise est l'abandon de parcelles jadis cultivées, qui favorise la progression de la friche et de la strate arbustive, très vite mise à profit par le chevreuil, qui trouvera, dans ces lieux, abri et nourriture abondante et surtout variée.

Le régime alimentaire de cueilleur sélectif, que l'on pourrait même qualifier de gourmet, fera que le chevreuil s'installera très facilement dans un milieu présentant un paysage morcelé où bois, friches, haies et parcelles cultivées formeront une mosaïque très diversifiée. Dans ce type de milieu, il trouvera toute une panoplie végétale qui assurera sa subsistance en toute saison. Pour un animal de petite taille comme le chevreuil, l'accessibilité de la nourriture est plus importante que la quantité même de la ressource. Il ne suffit pas qu'il y ait beaucoup, il importe de pouvoir y accéder. Un paysage de type bocage est très favorable, car sur une petite surface très facilement exploitable par le chevreuil sera réunie une grande variété d'aliments potentiels.

Les zones boisées

En forêt et en fonction du type de conduite sylvicole, les variations saisonnières de la ressource alimentaire seront très importantes. Pour les mêmes raisons que celles qui ont été évoquées plus haut, l'accessibilité des différents aliments disponibles est moins aisée. Passé le stade du fourré, les ligneux n'offrent plus rien de consommable, les parties vertes se trouvant hors de portée. En hiver, le nombre d'espèces consommables diminue considérablement. Les graminées ont disparu, les plantes à bulbes n'émergent pas et les arbres n'ont plus de feuilles. À ce manque de quantité se superposent une diminution de la qualité nutritive (manque de protéines) et une moins bonne digestibilité.

Compte tenu de son comportement et de ses préférences alimentaires, le paysage idéal pour le chevreuil serait la forêt de feuillus très largement percée, offrant un maximum de lisières favorables à la pousse d'essences ayant besoin de beaucoup de lumière. Les petites parcelles de taillis exploitées çà et là lui fourniront, outre des jeunes pousses facilement accessibles (cépées), une zone de couvert propice à la remise. Dans les vieux taillis ou les futaies, la lumière pénétrant moins, le catalogue des essences disponibles diminue et se transforme. Le lierre devient alors une ressource importante et appréciée tout au long de l'année, mais principalement en hiver, époque à laquelle beaucoup d'autres essences font défaut.

Il ne faudrait pas en conclure trop vite que les plantations de résineux lui seraient hostiles. Loin s'en faut. Elles offrent au chevreuil non seulement le couvert indispensable à sa sécurité, mais une alimentation riche et variée, du moins dans les premières années. Les ronces, bourdaines et autres chèvrefeuilles poussent très bien et sont un régal pour le chevreuil tant que le soleil pénètre ces plantations.

Dans certaines régions comme l'Aquitaine, l'extension des cultures de maïs, souvent contiguës à des parcelles boisées, offre un biotope très favorable au chevreuil. Les densités parfois très fortes sont là pour en témoigner.

En un mot, plus la diversité du peuplement forestier est grande, plus le chevreuil a de facilités à s'implanter. Comme nous l'avons vu, la ressource alimentaire est importante mais pas suffisante. Dans une forêt de feuillus, la valeur refuge du milieu se transforme au

Ci-dessous : *Très jeune brocard.*

cours de l'année. Les parcelles de fourrés offrent toujours plus d'abri que les formations plus âgées. En taillis sous futaie, futaie jardinée ou régulière, le dessèchement de la strate herbacée ou des fougères diminue grandement la valeur refuge de la parcelle en automne et en hiver. Le domaine exploité par un chevreuil n'aura donc pas une même valeur d'abri suivant la saison, et cela influera sur son comportement.

En été et au printemps, le chevreuil est plutôt individualiste et la forêt lui offre un abri suffisant. Un individu seul se dissimulera plus facilement qu'un groupe. En hiver, en revanche, les parcelles les plus riches en nourriture ne sont pas nécessairement celles qui offrent le plus de sécurité. Les chevreuils se réunissent plus facilement en petits groupes, établissant ainsi un compromis entre la nécessité de s'alimenter et celle de pouvoir échapper à un prédateur par une vigilance renforcée.

De mœurs assez casanières, le chevreuil utilise des espaces réduits. La surface de son domaine vital sera d'autant plus faible que le milieu sera fermé et la densité de population importante, du moins en milieu forestier. À cela près que, pour un chevreuil, animal de petite taille, un environnement de type céréales ou maïs en été peut constituer un milieu « fermé » très acceptable et sécurisant. En forêt, de 50 à 100 ha semblent suffisants, alors qu'en milieu ouvert le domaine nécessaire est beaucoup plus vaste, de 100 à 300 ha. De toute façon, la variabilité et l'hétérogénéité de la phytostructure sont les éléments qui favorisent l'installation du chevreuil.

En montagne

En montagne, le chevreuil utilise la strate arborée, mais aussi les prairies d'altitude à la belle saison. La hauteur de la couche de neige pourrait limiter son extension. Cependant, des observations fragmentaires mais pertinentes ont montré que le chevreuil se débrouillait au contraire fort bien en milieu enneigé, à condition toutefois que la couche de neige ne soit pas trop importante : de 30 à 40 cm semblent être une limite à ne pas dépasser.

Il n'est pas douteux que les déplacements saisonniers sont plus nombreux en montagne. En hiver, les zones de piémont, plus accueillantes, offrent une ressource alimentaire suffisante. Au fur et à mesure de l'avancement

Ci-dessus : *Brocard en velours dans la neige.*

Pages suivantes : *Le maïs est un abri sûr.*

des beaux jours, les chevreuils suivent l'évolution de la végétation et profitent d'une flore extrêmement riche. Il n'est pas rare, en effet, de voir, depuis quelques années, avec l'augmentation des populations, des chevreuils côtoyer des isards et des chamois sur les prairies d'estive. Dès les premières neiges, ils redescendent et occupent préférentiellement les parties forestières offrant un meilleur abri.

La zone méditerranéenne

Des expériences récentes de réintroduction du chevreuil en milieu méditerranéen ont eu lieu en France. Elles ont montré la très grande plasticité de l'espèce, qui a su s'adapter à un climat et à une flore très éloignée de ce que l'on admettait jusqu'alors comme nécessaire, voire indispensable, pour l'espèce. Il est à noter cependant que ce n'est pas une nouveauté, des crânes de chevreuils relativement anciens ont été trouvés dans des avens situés dans les garrigues à chênes kermès de la région du Pic-Saint-Loup, au nord de Montpellier. L'espèce colonise d'ailleurs à grands pas, et au grand dam de quelques chasseurs de sangliers, la zone du chêne vert de l'arc méditerranéen. Les effectifs ne sont pas encore significatifs, néanmoins de réels efforts restent à faire de la part des chasseurs de sangliers, qui ont, dans certaines régions, une notion tout à fait particulière du plan de chasse !

Les milieux ouverts

Les animaux qui vivent en milieu ouvert cultivé sont souvent désignés sous le nom de « chevreuils de plaine ». À ce terme de « plaine » beaucoup trop réducteur, le vocable de « milieu ouvert » conviendrait mieux. En effet, on assiste actuellement à une occupation d'habitats jusqu'à présent très peu utilisés par ces animaux, en particulier les zones d'agriculture intensive. Les chevreuils qui choisissent ce mode de vie se regroupent volontiers en hardes importantes. Il n'est pas rare, surtout en hiver, de voir une trentaine d'individus, voire davantage, ensemble. Ce comportement de groupe est peut-être commandé par une stratégie de défense et de

À droite : *En milieu ouvert, les chevreuils ont tendance à se regrouper en hardes.*

sécurité adoptée par d'autres espèces d'herbivores. Plus on est groupé et nombreux, moins on a de risques individuels d'être la proie d'un prédateur. Certains chasseurs ont remarqué que même poursuivis par les chiens, ces chevreuils répugnaient à se réfugier au bois. Ils se sentent plus en sécurité dans un environnement qui leur est familier, donc qu'ils connaissent bien.

En milieu ouvert, les surfaces des domaines vitaux sont sensiblement plus grandes qu'en zone boisée. Pour les mâles adultes et subadultes, ces surfaces peuvent atteindre et même largement dépasser la centaine d'hectares. C'est en hiver que le domaine exploité est le plus grand. La surface diminue considérablement au printemps et en été. Il en est de même pour les zones d'activité journalière, qui peuvent atteindre une vingtaine d'hectares en hiver et se réduire de moitié à la belle saison. Les femelles exploitent un domaine plus réduit, ce qui est logique. En effet, dans un groupe d'animaux, la faculté de déplacement de l'ensemble est calquée sur la mobilité des plus faibles, les faons en l'occurrence. Les domaines vitaux moyens des femelles ne dépassent pas 75 hectares, mais leur variabilité saisonnière est plus grande. Les plus petites surfaces exploitées le sont de mai à septembre, période de plus grande dépendance des faons (allaitement).

Si toutes les cultures sont appréciées par le chevreuil, il manifeste cependant une aversion certaine pour le colza. Dans ce type d'agrosystème, les chevreuils se nourrissent principalement dans les céréales ou les fourrages (luzerne). Ils utilisent les bosquets et les haies quand ceux-ci existent, mais peuvent fort bien s'en passer.

En milieu ouvert, les chevreuils préfèrent davantage les cultures en automne et en hiver. En toute saison, mais surtout en période hivernale, ils les utilisent plus le soir et la nuit que le matin et le jour. La plus forte

Ci-contre : *La neige n'est pas un handicap pour cette chevrette.*

fréquentation des cultures, en automne et en hiver, peut être la conséquence de la recherche d'une nourriture plus riche qui fait défaut dans les bois mais, par sécurité, l'absence totale de couvert dans les cultures semble inciter les chevreuils à employer ces milieux à la faveur de l'obscurité.

L'effet de sa présence sur la végétation

Négligeables pour les uns, insupportables pour les autres, les conséquences de la présence du chevreuil sur son environnement sont diversement appréciées. Sur un plan strictement agricole, l'impact sur les cultures est négligeable, sauf, mais c'est l'exception, si quelques parcelles de vignes ou de cultures maraîchères sont à portée de dent. Certains vignobles (Armagnac) ou cultures de fraisiers (Lot, Dordogne) peuvent subir d'importants dégâts, ce qui prouve au moins, mais nous le savions déjà, que le chevreuil est un gourmet !

Sur le plan forestier, il peut en être tout autrement, et les dommages aux plantations peuvent avoir deux origines. L'une est directement liée au comportement même de l'espèce. Il s'agit alors de l'écorçage de jeunes plants par frottis, au moment de la perte des velours, pouvant rapidement provoquer la mort du sujet. Les jeunes arbres d'un diamètre inférieur à 3 cm sont particulièrement vulnérables. Aucune espèce n'est vraiment à l'abri, même si les résineux semblent avoir la préférence.

L'autre type de dommage est d'origine alimentaire. Il consiste principalement en abroutissement des extrémités des jeunes plants accessibles. Cet écimage est alors fort préjudiciable à la bonne venue du futur arbre. Les abroutissements et l'écimage ont lieu principalement au printemps, à la reprise de la végétation, mais ne s'arrêtent pas pour autant par la suite, même si cela devient

Ci-dessous : *Sur le plan forestier, le chevreuil peut causer d'importants dommages aux plantations.*

moins intensif. Comme pour l'écorçage, aucune essence forestière n'est à l'abri. Les diversités et les particularismes régionaux sont tels qu'il est particulièrement délicat de dresser un catalogue de préférences.

La gestion des populations

La chasse, et c'est heureux, évolue et passe lentement, mais sûrement, du stade de la cueillette anarchique au stade du prélèvement raisonné. Certes, cette tendance est par endroits encore un peu timorée et bouscule bien des habitudes, voire des pseudo-traditions. Beaucoup d'inertie et de réticences sont encore à vaincre. Mais surtout, c'est une prise de conscience franche et constructive que doivent avoir les chasseurs qui voient s'installer les populations de chevreuils sur leur territoire. En effet, à quoi servirait-il de connaître si bien la biologie et le comportement du chevreuil, si ce n'était pour mettre en œuvre des méthodes et des techniques de gestion efficaces et cohérentes ? Auparavant, on faisait des erreurs de gestion. Maintenant, ne soyons pas naïfs, nous continuerons à faire des erreurs, à cela près que nous saurons que nous faisons des erreurs ! Ces vœux pieux étant énoncés, il reste maintenant à donner au gestionnaire les idées et les moyens de les voir se concrétiser. Mais avant toute chose, nous nous souviendrons que, pour être efficace et applicable, donc appliquée, toute méthode de gestion se devra d'être simple, facile à mettre en œuvre, et de tenir compte de l'environnement tant naturel qu'humain. Faute de quoi c'est l'échec à terme, souvent plus dommageable pour l'espèce que le *statu quo*.

Des « chassocrates » de tout poil, et souvent animés d'intentions louables, vous donneront des conseils, si ce n'est des ordres, pour gérer efficacement vos populations de chevreuils. Bien entendu, il ne faudra pas les ignorer, mais comme en toute chose, il sera prudent de tourner sept fois son idée dans sa tête avant de se lancer dans de trop fumeux plans de gestion. Il sera bon de se rappeler et de toujours garder en mémoire que ce qui est possible ici ne l'est peut-être pas là. Entre le souhaitable, le possible et le raisonnable, il y a des nuances assez difficiles à discerner. Les trop grandes théories souffrent parfois d'un manque de réalisme tellement criant que seuls quelques privilégiés peuvent les mettre en application sur des territoires protégés. La

Ci-dessous : *Regroupement en plaine, en hiver.*

chasse banale, telle que nous l'aimons et qui en vaut bien d'autres, doit bien évidemment faire des efforts pour s'adapter à l'évolution de ce nouveau gibier, sans pour cela y perdre son âme. Tout le monde parle des mêmes animaux mais pas nécessairement des mêmes bêtes ! De l'idéologie intégriste de certains au laxisme coupable des autres, il y a certainement un juste milieu, que chacun, fort de ses connaissances acquises, se doit de respecter.

Le suivi des populations

• Comment évolue la population de chevreuils sur mon territoire et qui sont-ils ?

Telle est la première question qui doit venir à l'esprit de qui veut mettre en place un plan de gestion sérieux du chevreuil. Cependant, cela implique en premier lieu d'avoir une connaissance, sinon des effectifs disponibles, au moins de l'évolution de ces effectifs. Or les méthodes simples et efficaces de dénombrement ou de comptage de grand gibier sont rares, lourdes, et souvent peu fiables. Bien sûr, le titulaire du droit de chasse ou le propriétaire d'un territoire a une vague idée de l'importance de la population de chevreuils qui peuple ses bois. Cette estimation est souvent faussée et surestimée par ce qui est vu, ou parce que l'on croit voir, pendant les parties de chasse. Dans bien des cas, on ne connaît de la population que ce qui a été prélevé. Quant à ce qui reste, mystère ! De plus, comme nous le savons, les chevreuils sont souvent mal perçus par certains chasseurs de sangliers. Ces derniers ne font pas, loin s'en faut, une réflexion objective à leur sujet.

Chaque espèce a des comportements territoriaux très différents. Il conviendra donc de mettre en œuvre des méthodes spécifiques de recensement et d'estimation adaptées, au chevreuil en l'occurrence. Toutes les techniques, quelles qu'elles soient, demanderont rigueur et méthode et n'auront de valeur réelle que si elles sont suivies dans le temps et renouvelées périodiquement. En tout état de cause, on s'attachera plus à connaître et à suivre l'évolution du cheptel qu'à connaître le nombre exact d'animaux. Les techniciens des fédérations départementales de chasseurs sont formés, compétents et disponibles pour mettre en place ces méthodes d'estimation des effectifs. De plus, ils ont une vision globale de la situation de l'espèce dans leur département. Ce sera donc à eux que reviendra la coordination de ces actions. Ils seront d'autant plus efficaces qu'ils auront la totale confiance et l'adhésion de tous les chasseurs du cru.

La gestion des ongulés sauvages nécessite de pouvoir apprécier numériquement et qualitativement les populations et d'estimer le degré d'équilibre de ces populations avec leur milieu. Or le comptage des cervidés est particulièrement difficile à mettre en œuvre, en raison de sa lourdeur et de sa fiabilité incertaine. C'est pour cette raison qu'un nouveau concept est en cours d'élaboration : les indicateurs biologiques, également appelés bio-indicateurs. Ils ont surtout été mis au point et testés pour

Ci-dessus : *Les bois en velours au début de la repousse.*

Une histoire vraie

Dans un merveilleux domaine, voué aux chasses de la République, l'estimation du cheptel disponible était nécessaire, sinon indispensable. Ces comptages étaient donc l'occasion de rassembler, au mois de mars, un grand nombre de personnes qualifiées. En l'occurrence, les élèves et leurs professeurs de l'école censée former les futurs gardiens de l'ordre cynégétique. Le jour J, chacun se voyait assigner un secteur, et un protocole rigoureux était mis en place. Doté d'un plan précis et d'une montre, chaque observateur devait scrupuleusement noter tous les animaux vus. Pour éviter les doubles comptages, l'heure, le genre, le sexe étaient inscrits sur la feuille. À la fin, dès qu'il faisait nuit noire, tout le monde se rassemblait, rendait sa copie et commentait sa soirée.

– « Trois laies et au moins une douzaine de marcassins à la Bretache, mais je n'ai certainement pas tout vu.

– « Deux cerfs décoiffés et un daguet pas terrible. Les pointes ne dépassent pas les oreilles, sur le comte Thibaud.

– « Deux biches accompagnées de deux jeunes bichettes et une deuxième tête sur le pare-feu Gaétan.

– « Une biche et son faon sur la prairie du Rond Zita. »

À cette dernière affirmation, tous les regards se tournent vers cet observateur chanceux. Nous sommes en mars, et voir une biche et son faon, c'est étonnant, pour ne pas dire exceptionnel. Cependant, la qualité de notre homme, qui était donc censé inculquer les bases des sciences naturelles et de la loi aux futurs gardiens de l'ordre forestier et cynégétique, fait que personne n'ose trop demander d'explications. Malgré mes doutes, conscient de la rigueur indispensable à ce type d'exercice, je me risque à demander plus ample information.

– « Une biche et son faon, à cette époque. Elle n'est pas en retard, Monsieur le Directeur ! »

Quelle impertinence. Mettre en doute la parole d'un expert, c'est à la limite du supportable. Se dressant sur ses ergots et d'un ton péremptoire :

– « Je ne suis pas aveugle et je sais ce que je dis. J'ai vu une biche et son faon sur la prairie du Rond Zita. »

Là c'en est trop. Tout le monde se regarde et certains ont bien du mal à contenir des sourires qui en disent long. Évidemment, il ne peut s'agir d'un faon à cette saison. Cette biche est tout simplement accompagnée depuis cet hiver par une gentille et très mignonne petite daine qui s'est échappée de son enclos. Tout le monde ici la connaît bien. De là à la confondre avec un faon laissa planer et pour longtemps de sérieux doutes sur les capacités pédagogiques et formatrices de Monsieur le Directeur. Que penser alors de la compétence de ses élèves formés à une aussi rigoureuse école ?

Un peu dépité et confus d'avoir fait une aussi grossière erreur, surtout devant ses élèves, le professeur s'esquiva, non sans m'avoir jeté un regard plein de mauvaises intentions et qui en disait long.

le chevreuil. Il s'agit de mettre en évidence des paramètres biologiques rendant compte de la relation « animal-environnement » et de la dynamique de cette relation. En effet, le chevreuil intègre les informations en provenance de son environnement et, vice versa, l'environnement est partiellement modifié par les individus qui l'exploitent. Les dégâts occasionnés aux cultures ou aux plantations forestières obligent parfois à recourir à des modifications profondes de l'environnement : certaines clôtures qui fractionnent le paysage par exemple.

• Les bio-indicateurs

Parmi les bio-indicateurs faciles à mesurer par les chasseurs, il en est de très simples et à la portée de tous, qui ne demandent qu'un minimum d'organisation, de disponibilité et de bonne volonté.

En premier lieu, l'**indice de fécondité** et le succès reproducteur sont un bon indicateur de la productivité. Il s'agira d'évaluer le nombre de faons par femelle suitée au sein de la population. Lorsque la densité de chevreuils augmente, le nombre moyen de jeunes par femelle adulte diminue. Il suffit donc de quelques sorties en été pour faire des observations, en notant la composition des groupes vus. Ce n'est pas contraignant mais plutôt agréable et utile.

De même, lorsque la **densité de chevreuils** augmente, l'importance et la composition des groupes en hiver ont tendance à augmenter ainsi que le nombre d'individus par unité. Les associations d'adultes, rares d'habitude, augmentent également avec la densité. Des sorties répétées toute l'année sont nécessaires.

Le **taux d'utilisation des végétaux** et, plus particulièrement, la consommation d'espèces jusque-là peu mangées peuvent indiquer une augmentation de la population. Là, l'observation est un peu plus pointue et délicate, mais le chasseur qui connaît bien son territoire se rendra vite compte de cette évolution. Connaître les plantes et les arbres de sa forêt fait aussi partie de la panoplie du chasseur gestionnaire. Les techniciens cynégétiques, formés à ces mesures, sauront avec intérêt guider les chasseurs gestionnaires. Voilà bien là une excellente idée de stage pour les très nombreux jeunes en formation dans les écoles spécialisées. Ils vous apporteront leur motivation et leur sérieux et vous profiterez d'informations qu'il vous aurait été peut-être assez difficile d'obtenir.

Le poids vidé des animaux, notamment celui des jeunes de moins d'un an, prélevés à la chasse, diminue d'autant plus que la population atteint un niveau élevé. La **pesée de tous les animaux tués** et la détermination de l'âge deviennent alors incontournables. Le peson, ou la bascule romaine, accompagné d'un bon diagramme de la dentition est aussi indispensable que le couteau ou le sac de plastique ! Là, le carnet de battue prend toute sa signification et toute son utilité pour suivre ces évolutions dans le temps.

Le **taux de parasitisme** et l'**état d'engraissement** sont significatifs du bon fonctionnement de l'entité population-milieu. Des chevreuils dont les rognons sont bien sertis dans la graisse sont sûrement en bonne santé et ne souffrent pas de malnutrition. C'est un signe de bon état général. Cet indice est à suivre de façon globale d'année en année. Des contrôles sanitaires réguliers doivent être effectués sur les animaux abattus. Si personne dans l'équipe ne se sent l'âme d'un vétérinaire, celui qui soigne et répare nos chiens se fera peut-être un devoir, sinon un plaisir, de mettre ses compétences au service de la chasse.

La facilité et la vitesse de réalisation du plan de chasse pourraient être un indice du niveau de population. Cela est sans doute valable en cas de forte densité et de prélèvement important de chevreuils. Encore faut-il que les chasseurs jouent le jeu. Dans beaucoup d'endroits où le chevreuil est en concurrence avec le sanglier, en particulier, on a souvent pour habitude de garder une poire pour la soif. On a toujours le temps de faire le plan de chasse ou, du moins, d'utiliser les bracelets ! Le résultat est que la fin de la chasse arrive, la météo s'en mêle, et il reste quelques bracelets non utilisés, ce qui d'ailleurs ne veut pas dire qu'il reste des chevreuils à prélever. Là encore, beaucoup de choses sont à revoir et il est fort imprudent d'éluder ces questions.

Tout cela n'est peut-être pas toujours facile à mettre en œuvre, mais ce sera toujours l'abondance et la complémentarité des informations qui permettront au chasseur d'inclure dans le système même de gestion de son territoire la notion de relation « individu-population-milieu », qui en sera l'élément incontournable.

• L'indice kilométrique d'abondance

Outre ce catalogue d'observations, il est une technique qui apporte beaucoup d'informations. Il s'agit de l'indice kilométrique d'abondance (IKA). L'IKA est un bio-indicateur plus simple que les méthodes de comptage « traditionnelles ». C'est une méthode indiciaire

Ci-contre : *Brocard à la reposée.*

relativement fiable pour suivre l'évolution des effectifs de chevreuils d'année en année. Le principe est que, dans un milieu donné, un observateur à pied se déplaçant à allure régulière a une certaine probabilité d'observer des chevreuils. Chaque observation par corps est appelée « contact ». Le jeu consiste alors à rapporter le nombre de contacts au nombre de kilomètres parcourus, étant entendu que le même protocole doit être appliqué strictement pendant toute la durée du suivi de la population. Le choix des itinéraires à parcourir et des méthodes à mettre en œuvre doit être standardisé.

Après délimitation de la zone considérée comme une unité de gestion, donc ne se limitant pas aux seuls contours de son propre territoire de chasse, un réseau constitué de plusieurs circuits est établi (cartographié). Ceux-ci doivent être répartis régulièrement de façon à assurer une couverture homogène du massif. En cas de sorties simultanées sur les différents circuits, ces derniers doivent être suffisamment éloignés pour éviter les doubles comptages. La longueur de chaque circuit sera d'environ 4 km. Le circuit se présente sous forme d'une boucle. Son trajet épouse les éléments fixes : routes, chemins, layons ou repères. Les recoupements et les retours seront évités. Chaque observateur réalise annuellement quatre fois le même circuit. En effet, si un nombre important de circuits augmente la précision des résultats, les possibilités de répétition du réseau à parcourir (série) diminuent d'autant, pour un même nombre d'observateurs. Le seuil de 3 km/100 ha (soit un circuit pour 200 ha) constitue un minimum.

Les circuits seront réalisés entre le 1er janvier et le 31 mars car à cette période :

– la visibilité est maximale avant le départ de la végétation arbustive et herbacée ;

– les animaux sont plus cantonnés et la reconnaissance est plus homogène entre les deux sexes.

Par ailleurs, l'étalement des sorties dans le temps est important pour minimiser l'influence des facteurs climatiques. Les circuits seront parcourus le matin et le soir dans les trois heures qui suivent l'aube et qui précèdent le crépuscule. Ces périodes correspondent aux pics d'activité principaux des chevreuils. Autant de sorties devront être effectuées le matin que le soir. Le circuit devra être parcouru seul (à deux, on est distrait) et à une vitesse moyenne de 3 km/h. La progression devra être régulière et aucun arrêt ne devra avoir lieu en dehors de ceux nécessaires à l'observation des animaux rencontrés et à leur notation sur la fiche d'observation.

Il sera préférable, mais non indispensable, que les observateurs soient les mêmes chaque année. Il ne sera pas nécessaire d'être un spécialiste pour effectuer de telles opérations, mais chacun devra être familiarisé avec cette technique d'observation et être capable de différencier les sexes et le statut des animaux. De la rigueur et de la fiabilité des observations recueillies dépendront la justesse et l'utilisation optimale des résultats recueillis. L'observateur s'équipera d'une montre, d'une paire de jumelles et d'une feuille de relevé comportant au verso une carte au 1/25 000 (original ou photocopie de très grande qualité). Chaque contact recevra un numéro d'ordre qui sera reporté sur la carte à l'endroit précis de l'observation. En plus du lieu, la date, l'heure, le ou les individus et leur description seront notés. Les chasseurs et le technicien cynégétique collaboreront afin d'optimiser au mieux les observations.

La réalisation d'IKA demande beaucoup d'investissement en personnel. Ce personnel existe, encore faut-il le convaincre. Comme chacun sait, en matière de chasse, il est toujours plus facile de réunir quarante tireurs pour une battue que dix pour tracer les layons ! Alors, pour compter, il faudra beaucoup de foi et de persuasion, mais soyons optimistes, tout est possible, d'autant qu'à la fin du comptage le retour au rendez-vous peut être très agréable.

• La battue à blanc

Une autre méthode d'estimation de la population des chevreuils peut se mettre en place : c'est la battue à blanc. Il s'agit en fait de vider une enceinte de tous ses occupants et de les compter à la sortie. L'idée est séduisante et *a*

À gauche : *Ce chevreuil a probablement repéré un intrus.*

Ci-dessus : *Brocard en velours, aux aguets.*

À droite : *En route pour l'approche.*

priori exhaustive. Le massif à inventorier sera divisé en secteurs de quelques dizaines d'hectares au maximum, en fonction de la topographie et des facilités de déplacement. Chaque secteur sera alors parcouru par des traqueurs marchant en ligne et qui auront pour mission de faire bouger les animaux, sans pour cela les affoler outre mesure. Ces traqueurs noteront avec soin les animaux qui font un retour en arrière et qui ne sortent pas nécessairement de l'enceinte. Des observateurs « fixe » seront placés à la périphérie et à des endroits stratégiques (carrefours, clairières, chemins, etc.), afin de noter tous les mouvements d'animaux sortant de l'enceinte ou s'y déplaçant. Chaque « contact » sera soigneusement noté sur une fiche d'observation avec un maximum de détails (nombre, sexe, classe, heure, direction...), en vue de limiter le plus possible les doubles comptages. Ces opérations seront menées de préférence à la fin de l'hiver et au début du printemps ou avant la pousse des feuilles, et au moment où l'on a le plus de chance de voir de grands regroupements d'animaux. Le recensement se fera de préférence pendant les deux heures qui suivent le lever et au cours des deux heures qui précèdent le coucher du soleil. Cette méthode donnera une photographie instantanée de la population et devra toujours être considérée *a minima*. Tous les animaux ne seront pas vus. Ces observations seront complétées avantageusement par celles effectuées pendant la réalisation des IKA. C'est une méthode lourde qui s'apparente à une manœuvre quasi militaire. Une centaine de personnes seront parfois nécessaires pour mener à bien une telle opération.

• Les comptages en période de rut

Dans la mesure du possible, ces estimations seront complétées par des comptages pendant le rut en évitant le plus possible de déranger les animaux. Ceux-ci seront recensés par contact visuel ou par contact auditif.

Si la topographie du massif le permet, et après accord avec les autorités cynégétiques, des comptages de nuit au phare pourront compléter les informations recueillies. Des parcours incluant des sites privilégiés (clairières, coupes, cultures à gibier, lisières) seront effectués à intervalles réguliers. Toutes ces informations, soigneusement répertoriées, viendront s'ajouter à celles qui auront été faites au cours des sorties de l'intersaison et surtout à celles du garde du territoire, qui, mieux que quiconque, connaît les habitudes des chevreuils. Mais rappelons-le encore, c'est dans la répétition et le suivi d'année en année que se perfectionnera la connaissance de la population. Une meilleure adéquation entre la réalité du terrain et les attributions du plan de chasse sera alors possible. Les plans de chasse ne doivent plus être établis « à vue de nez », comme c'est trop souvent le cas.

En milieu très ouvert, des circuits en voiture ou des observations à poste fixe peuvent être accomplis. La visibilité étant *a priori* meilleure en plaine qu'en forêt, on pourrait penser que les résultats seraient plus fiables. C'est sans doute vrai, mais l'expérience montre quand même que beaucoup d'animaux échappent à la vigilance des observateurs. Comme ailleurs, c'est dans la répétition dans le temps que sera la meilleure garantie de vérité. Il s'agit alors de compter tous les animaux vus selon les mêmes critères que pour une battue à blanc ou un IKA.

La capacité d'accueil

Après avoir, autant que faire se peut, déterminé l'importance de la population vivant sur le territoire, il convient de s'assurer qu'elle est suffisante pour être exploitée cynégétiquement et, surtout, qu'elle est compatible avec la bonne santé des peuplements forestiers et des cultures environnantes. Là, c'est l'équilibre subtil entre ceux qui en veulent davantage (les chasseurs) et ceux qui en veulent beaucoup moins (les forestiers). C'est donc en termes d'évolution d'indice d'abondance qu'il faudra gérer le capital gibier et non pas, comme c'est souvent le cas, en nombre d'animaux supposés présents sur le territoire.

Les techniciens cynégétiques ont pour habitude d'inclure dans leurs plans de gestion deux types de notion de densité : la densité biologiquement supportable (DBS), qui correspond à ce que devrait être un équilibre parfait entre l'animal et son milieu, sans préjudice ni pour l'un ni pour l'autre, et la densité économiquement supportable (DES), beaucoup plus aléatoire à déterminer car elle fait intervenir directement la notion d'économie ; en fonction de la « qualité » de l'interlocuteur, elle ne se situe pas toujours au même endroit, le seuil n'étant pas toujours facile à placer. Selon que l'on est forestier ou chasseur, les intérêts peuvent diverger.

La capacité d'accueil d'un milieu sera donc en quelque sorte la faculté d'un territoire à accueillir un maximum d'animaux sans qu'apparaissent de dégâts susceptibles de mettre en péril la pérennité de leur habitat. Les cultures sensibles, riveraines ou incluses seront, bien sûr, prises en compte. Pour définir cette capacité d'accueil, il faudra cumuler et prendre en considération plusieurs paramètres. D'une part, la nature des espèces présentes : il peut y avoir sur un même territoire différentes espèces d'ongulés sauvages (cerfs, mouflons chamois ou isards et sangliers), mais aussi des espèces domestiques en libre pâturage extensif, notamment en zone de montagne, qui peuvent, à un moment donné, concurrencer le chevreuil. Il sera donc impératif de connaître les ressources alimentaires nécessaires à chaque espèce ainsi que les exigences de chacun. D'autre part, le milieu doit aussi abriter, donc posséder de façon judicieusement répartie et permanente, des zones « refuges » (fourrés) où la plus grande tranquillité des chevreuils sera respectée.

L'amélioration et l'aménagement des territoires

Aménager et améliorer un territoire de chasse ne veut pas dire l'artificialiser et le modifier en profondeur, mais simplement mettre en œuvre des méthodes et des techniques qui augmenteront ses capacités d'accueil. Elles permettront de maintenir ou d'augmenter la densité de gibier. Nous nous bornerons ici à indiquer les seuls aménagements et améliorations agricoles ou forestières. Dans ce domaine, la mesure, la prudence, et souvent l'astuce doivent être de règle. Que ne voit-on, en effet, de sommes d'argent et d'énergie englouties par

des pseudo-gestionnaires qui ont transformé leur territoire en « parc de vision » sans aucun profit ni pour le gibier ni pour la chasse. Pour le chevreuil, il faudra prendre en considération son mode de vie et d'occupation de l'espace.

En forêt de feuillus, le système d'exploitation en taillis sous futaie est le plus favorable. Il met à la disposition des animaux des repousses abondantes après les coupes, ouvre le milieu et favorise la pousse des essences de lumière, comme la ronce ou le chèvrefeuille, qui sont très consommées. Plus le peuplement forestier sera diversifié et morcelé en mosaïque, plus il sera favorable à l'espèce. Comme on le voit, il y a souvent incompatibilité entre le chevreuil et le traitement sylvicole moderne et productif, qui favoriserait plutôt les grandes parcelles uniformes et bien entretenues. C'est un choix et un compromis à trouver entre sylviculteurs et chasseurs, ce qui n'est d'ailleurs pas incompatible ; l'un peu très bien se superposer à l'autre.

Ci-dessous : *Chevrette et son jeune en alerte.*

La création de cultures spécifiques pour le chevreuil n'offre aucun intérêt, compte tenu des choix alimentaires de l'espèce, de sa faible grégarité et de sa sédentarité. En revanche, l'entretien des allées enherbées, des bas-côtés et des pare-feux peut s'avérer très intéressant. Dans les parcelles de vieux taillis de charmes, de chênes ou de hêtres, on procédera avec profit à des « abattis ». Cette technique consiste à choisir çà et là quelques baliveaux, à les couper à la base à moitié section, et à les abattre. Ils continueront tant bien que mal à végéter au printemps et pendant l'été et fourniront un feuillage apprécié et jusque-là inaccessible (houppier). Des abattis anticipés non ébranchés peuvent être effectués dans les plantations de résineux en éclaircies, ce qui laissera là aussi une bonne quantité de nourriture accessible à la disposition des chevreuils.

Les prélèvements

Dans le cas ou l'on estime, après tous les recoupements possibles, que l'effectif de population est optimal et stable, il convient de prévoir les prélèvements à réaliser. Ceux-ci seront de 40 % environ du total estimé restant en fin de chasse. On s'attachera à prélever autant de mâles que de femelles. Si, en revanche, il s'agit d'augmenter sensiblement la population, on diminuera la pression sur les femelles. « Si tu veux manger une omelette, ne mange pas la poule », dit le proverbe. Quelle belle et simple règle de gestion.

Dans la mesure où il y aurait une volonté d'adopter un plan de chasse qualitatif, l'effort se porterait plutôt sur les classes jeunes. Les chevrillards de l'année et les subadultes, plus difficiles à estimer, fourniraient 60 % du tableau. Les 40 % restant seraient des adultes équitablement partagés entre mâles et femelles. Bien entendu, pour que cette réalisation puisse se faire dans les meilleures conditions, il conviendra de tirer les chevrillards le plus tôt possible, lorsqu'on peut encore facile-

ment les distinguer des adultes, de même que les mâles encore coiffés. On pourra garder pour la fin les femelles adultes.

Le chevreuil et la science

Les connaissances que l'on a de cette espèce sont abondantes, mais elles sont également trompeuses. Elles sont à l'image d'un puzzle dont les chasseurs posséderaient un grand nombre de pièces mais qui ne seraient pas toutes bien placées. D'autres pièces, moins nombreuses, mais certainement plus précisément et plus judicieusement placées par les techniciens et les scientifiques, donnent une image du chevreuil plus proche de la réalité. Comme tout puzzle en construction, il reste çà et là quelques trous à combler.

Très coopératif à l'égard du chercheur, le chevreuil est un sujet d'observation très commode. Il est facile à capturer, vit sur de petites surfaces et assez longtemps, de plus, il supporte très bien, du moins on le suppose, un collier émetteur. À l'instar de beaucoup d'espèces sauvages, les études sont récentes. Chaque jour apporte son lot de connaissances nouvelles, et la nature humaine est ainsi faite que ce qui est vrai pour les uns aujourd'hui pourra être interprété différemment par les autres demain.

De nombreux scientifiques internationaux se sont penchés sur le monde mystérieux du chevreuil. Certains ont pu expliquer de façon simple et rationnelle ce que les chasseurs connaissaient depuis longtemps. D'autres nous ont fait découvrir des aspects totalement nouveaux et inattendus propres à modifier nos comportements et nos façons de voir et de gérer cette espèce.

La recherche et la connaissance progressent vite et c'est tant mieux. Il convient cependant de rester humble face aux choses de la nature. Quoi qu'il en soit, il reste de nombreux vides à combler pour compléter le puzzle.

Ci-dessus : *Le bocage est très favorable à l'installation du chevreuil.*

Pages suivantes : *À l'instar de beaucoup d'espèces sauvages, les études portant sur le chevreuil sont récentes.*

Les chasses du chevreuil

Généralités

Dans un monde de plus en plus urbanisé, la chasse est une aberration aux yeux de certains, voire davantage. Et si c'était le contraire, si justement c'était la seule façon de préserver ce qui reste d'une nature que tout un chacun veut s'approprier, en y maintenant une diversité et une harmonie généreuse. Il est vrai que pour le citadin, coupé des réalités et ne voyant de la nature que ce que la télévision veut bien lui distiller, chasser le chevreuil n'est pas indispensable, voire scandaleux. Ce loisir devient même à leurs yeux un acte barbare pratiqué par des individus cupides et sanguinaires. Mais peut-être n'a-t-on jamais dit ou su expliquer que si les populations de grand gibier et, tout particulièrement, de chevreuils se portent si bien, c'est bien parce que c'est un gibier et que, par là même, seuls les chasseurs se sont préoccupés de son sort. Mais dans bien des endroits, il faut maintenant, après avoir subi la pénurie, gérer l'abondance.

La chasse serait donc la seule façon de réguler les populations de façon rationnelle. Des esprits plus ou moins utopistes pourraient avoir tendance à penser que des grands prédateurs – comme le loup, le lynx ou l'ours – se chargeraient parfaitement de cette régulation, pourquoi pas ! Confortés par le fait qu'officiellement les plans de chasse ne seraient réalisés qu'à 90 %, ce qui laisserait 10 % pour la prédation. C'est bien mal connaître la réalité du terrain, car ce n'est un secret pour personne, entre l'officiel et l'officieux, il y a de la marge ! Et en fait, il reste bien moins de chevreuils que ces généreux rêveurs veulent bien laisser aux carnivores. Il n'est quand même pas interdit de penser que des contrôles plus sévères et une prise de conscience de certains chasseurs amélioreront cette situation. Mais alors, et si cela fonctionne, ce seront ces mêmes grands prédateurs qu'il faudrait chasser, ou alors plus d'accès au milieu naturel sans risquer une mauvaise rencontre. Trêve de plaisanterie, il y a certainement de la place pour tous, y compris pour le chasseur, qui doit connaître et savoir utiliser au mieux cette ressource.

L'instauration du plan de chasse généralisé pour le chevreuil a sans nul doute permis l'augmentation des populations. Dans

L'article R225-12

L'article R225-12 (décret n° 94-67 du 5 août 1994) du nouveau Code rural stipule que chaque animal abattu est, préalablement à tout transport et sur les lieux mêmes de sa capture, muni du dispositif de marquage à la diligence et sous la responsabilité du bénéficiaire du plan de chasse individuel. Toutefois dans le cas prévu au deuxième alinéa de l'article R225-10, le dispositif de prémarquage est mis en place à la diligence et sous la responsabilité de son détenteur préalablement à tout transport et sur les lieux de la capture de l'animal. Le marquage définitif intervient le jour même et avant tout partage de l'animal, dans les conditions prévues par arrêté ministériel.

Dans le cas où le titulaire d'un plan de chasse partage un animal, les morceaux ne peuvent être transportés qu'accompagnés chacun d'une attestation établie par le bénéficiaire du plan sous sa responsabilité.

Tout animal ou partie d'animal destiné à la naturalisation doit être accompagné du dispositif de marquage ou de l'attestation jusqu'à l'achèvement de la naturalisation.

Prélèvements de chevreuils en 2004

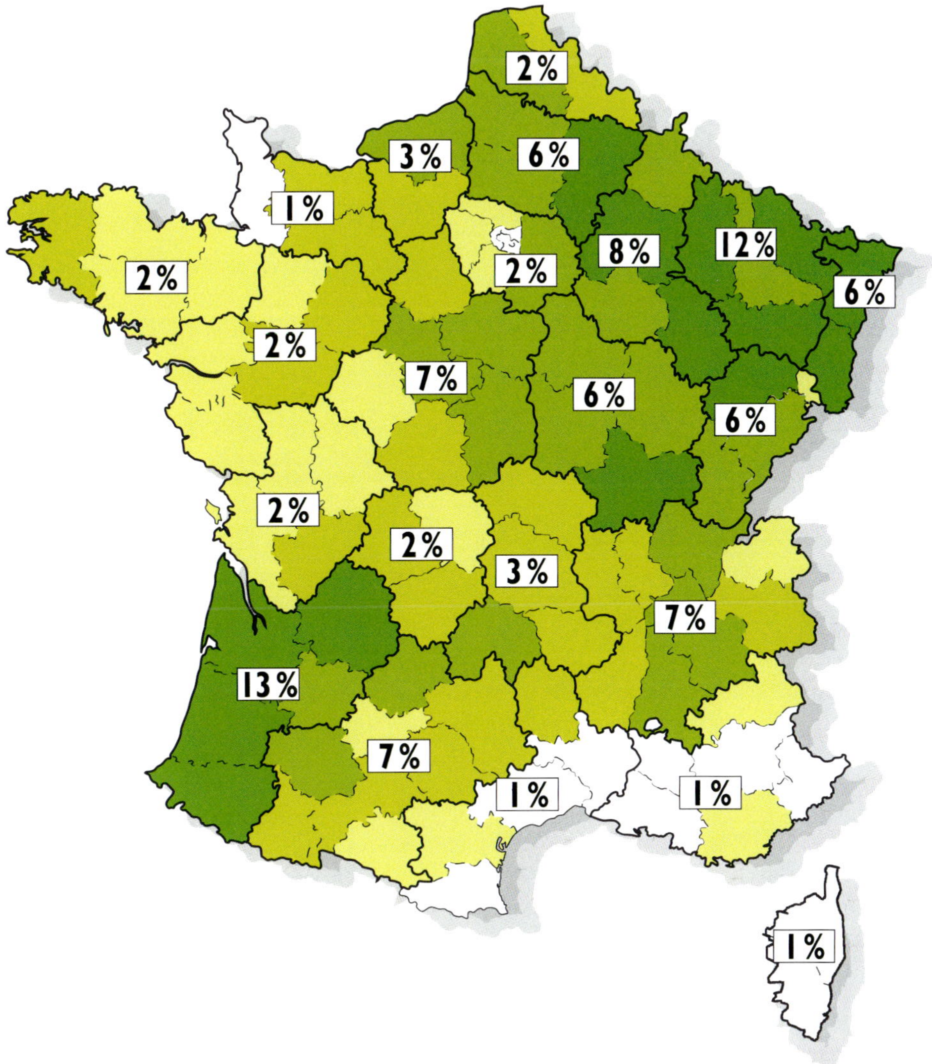

*Prélèvements départementaux**

2,0 %

1,0 %

0,5 %

0,2 %

*Prélèvements régionaux**

%

Limite régionale

Limite départementale

** Les prélèvements départementaux et régionaux correspondent au % du total annuel français (503 000 chevreuils).*

certaines régions, alors que les effectifs s'accroissaient rapidement, la prudence de certains a vite contribué à la pléthore d'aujourd'hui. À l'inverse, la trop grande générosité des autres en freine l'expansion. En l'absence de méthodes fiables et faciles à mettre en œuvre pour estimer l'importance des populations, il faudra sans doute encore et pour quelque temps se contenter de la bonne ou de la mauvaise foi des uns et des autres.

Les tableaux de chasse et l'évolution des prélèvements

Des spécialistes dressent chaque année un bilan de la réalisation du plan de chasse. Pour ce qui est du chevreuil, les effectifs prélevés auraient été presque multipliés par cinq au cours de ces vingt dernières années. Même si cette comparaison peut paraître hasardeuse, on ne comptait sûrement pas il y a vingt ans avec la même précision qu'aujourd'hui, il n'en demeure pas moins vrai que les effectifs augmentent très vite.

En 2004-2005, le prélèvement global de chevreuils a été officiellement de 503 000 animaux pour 562 000 attributions. En France continentale, les départements du Bas-Rhin, de la Moselle, de la Haute-Marne, de la Dordogne et de la Côte-d'Or dépassent le cap des 12 000 chevreuils tués par an, alors que les Landes, avec plus de 15 000 animaux, arrivent en tête des prélèvements. Le million d'hectares de pins maritimes de la forêt landaise n'y est peut-être pas pour rien. Les départements de l'arc méditerranéen qui font la place belle au sanglier sont nettement moins peuplés en chevreuils, mais tout laisse à penser que ce n'est plus pour très longtemps.

Le prélèvement moyen des départements français se situe aux environs de 5 500 chevreuils, en augmentation quasi constante de 5 % par an.

Ci-dessous : *Pose du bracelet de marquage sur les lieux mêmes de la mort du chevreuil.*

La réglementation

Mais avant toute chose, et surtout avant la partie de chasse, il convient de connaître la réglementation en vigueur. Le chevreuil, reconnu officiellement comme grand gibier, est soumis au plan de chasse. En effet, depuis le décret n° 92-44 du 10 janvier 1992, le plan de chasse est obligatoire pour le chevreuil sur tout le territoire national. Ledit plan de chasse est soumis aux articles R225-1 et suivants du nouveau Code rural. Ce plan, qui est en fait un quota de prélèvement à attribuer en fonction de la population locale, est le résultat d'un compromis entre des demandeurs et des décideurs. Comme tout compromis, il est soumis à des justifications et à des pressions de toutes sortes et de toutes parts. Comme personne ne sait ou ne veut vraiment compter les chevreuils, on se fonde sur des recoupements d'informations recueillies auprès des techniciens cynégétiques, des gardes de l'Office national de la chasse et de la faune sauvage, des lieutenants de louveterie, des agents de l'Office national des forêts, des détenteurs de droit de chasse, etc. Une commission placée sous l'autorité du préfet, présidée par le Directeur départemental de l'agriculture et des forêts (DDAF), réunit les différentes parties. Ces tractations, pour ne pas dire ces marchandages, sont conclues par un plan de prélèvement encadré par des *minima* à respecter et des *maxima* à ne pas dépasser. La plupart du temps, le plan de chasse est quantitatif et se contente d'attribuer un nombre de chevreuils. Mais de plus en plus, les plans deviennent qualitatifs et les attributions se font par sexes et par classes d'âge. Le demandeur fait alors l'acquisition contre paiement d'une redevance, d'un nombre de bracelets correspondant à son attribution. L'attribution étant faite à un territoire et non à une personne (forêt domaniale, ACCA, AICA, GIC, groupement forestier, forêt privée, etc.).

Un bracelet numéroté d'un modèle homologué est remis contre une redevance pour tout animal prévu au plan de chasse. Ce dispositif de marquage devient le moyen de contrôle de l'application stricte du plan de chasse.

Les méthodes de chasse

En matière de chasse du grand gibier et, plus particulièrement, du chevreuil, bien des techniques et des méthodes existent. Que ce soit à tir ou à courre, collective ou individuelle, la chasse doit toujours être préparée et raisonnée en fonction des objectifs que l'on s'est fixés. La rigueur n'excluant pas le plaisir, la chasse doit rester cette parcelle de liberté et cet art de vivre que seuls les chasseurs savent apprécier.

Dans nombre de régions où ces gibiers commencent à apparaître, où même ils sont déjà bien implantés, ils sont bien trop souvent considérés comme de second ordre, ou pis, comme des gêneurs. En effet, disposant de plans de chasse trop faibles aux yeux de certains, mais parfois pléthoriques en regard des effectifs réels, c'est à l'opportunité, c'est-à-dire la plupart du temps pendant les battues

Ci-contre : *Bien visibles les traqueurs partant en battue !*

au sanglier, que sont parfois tirés les chevreuils. Dans ces conditions, le choix de l'animal à prélever est aléatoire et de nombreuses erreurs sont commises. De plus, et c'est souvent le cas pour le chevreuil, il détourne et amuse les chiens mal créancés dans la voie du sanglier. De là découlent beaucoup d'abus et d'incompréhension, mais nous le disons avec beaucoup de force et de conviction, ce n'est jamais l'animal de chasse qui est en cause, mais le chasseur et son chien, qui, trop longtemps baignés dans la facilité et l'abondance du sanglier, n'arrivent plus à faire le tri entre les différentes espèces. Des efforts nécessaires d'adaptation à d'autres gibiers doivent être fournis, afin de permettre de profiter au mieux de cette nouvelle ressource. Les chevreuils ne sont pas des gibiers de remplacement pour le chasseur de sanglier, mais de complément. Gérés de façon honnête et intelligente, ils éviteront les buissons creux, lorsque les sangliers seront en excursion sur les territoires voisins.

En matière de chasse collective, c'est la battue sous toutes ses formes qui est la plus pratiquée. Pour ce qui est des chasses individuelles, l'approche ou l'affût sont parfois très prisés. La vénerie est un peu à part, en ce sens que cette forme de chasse peut mettre en scène un grand nombre de participants, veneurs et suiveurs, pour la prise d'un seul animal choisi à l'avance.

Enfin, et nous dirons qu'ils sont rares pour ne pas les froisser, le chevreuil est pour certains chasseurs une opportunité ou une chance. Un coup de 8 à droite pour un faisan et un coup de 4 à gauche si par hasard on tombe sur un lièvre ou un chevreuil, c'est bien tentant si l'on n'est pas très regardant sur l'éthique et la réglementation. La chasse du chevreuil demande pourtant un peu plus de sérieux et de rigueur.

Ci-contre : *Balisage du terrain de chasse.*

L'organisation de la chasse en battue et la sécurité

La journée de chasse se déroule toujours sous l'autorité d'un responsable, le chef de battue ou directeur de chasse. Elle comprend deux types d'acteurs : les tireurs postés et les traqueurs ou les piqueurs. Le chevreuil étant par définition très casanier, faire le pied n'est pas indispensable, même si cette pratique est une très bonne entrée en matière pour une partie de chasse réussie. La battue pourra aussi être organisée en fonction d'un calendrier établi à l'avance, ou plus rarement, si les sangliers espérés ne sont pas au rendez-vous et qu'il y a encore quelques bracelets à utiliser.

Avant le départ, le responsable de la chasse aura vérifié que tous les participants sont en règle (permis dûment validé et invitation). Il expliquera le déroulement de la journée et donnera les principales consignes de sécurité. Les chefs de ligne prendront en charge les postés pour les placer correctement. Au besoin, il ne sera pas inutile de rappeler les règles essentielles de sécurité.

En matière de chasse au chevreuil, un flou, pas toujours artistique, est souvent la règle. Ce qui est permis ici peut tout à fait être rigoureusement interdit quelques kilomètres plus loin. Des réglementations particulières peuvent s'instaurer çà et là quant au choix des armes, voire des munitions. Ici, la carabine sera obligatoire, là elle sera proscrite. Ailleurs, seul le tir à balles sera autorisé ou, au contraire, interdit, la grenaille ayant alors seule droit de cité. À chacun de s'informer avant la chasse afin de s'équiper de façon adéquate.

Il est parfois dramatique et toujours regrettable que les chefs de battue, par habitude ou par négligence, ne rappellent pas ces consignes à chaque sortie. La meilleure des garanties et la plus simple, sans doute, serait de distribuer à chaque participant, avant le départ, un feuillet contenant le règlement de la chasse en cours. Seront mentionnés sur ce document un plan sommaire des enceintes chassées et l'emplacement des postes, la ou les catégories d'animaux à tirer et, bien sûr, ceux dont le tir est strictement interdit. Les consignes de sécurité ainsi que le code des sonneries utilisé y seront aussi donnés. À ce propos, même si de nombreuses associations font de réels efforts pour généraliser l'usage de sonneries spécifiques, force est de constater qu'il existe autant de codes que de sociétés. Il existe qu'un code de la route, pourquoi n'y aurait-il pas un code de sonneries universel, il n'est pas interdit de rêver. Si ici ce sont trois coups longs pour la fin de traque et que là ce sont ces mêmes trois coups pour rameuter les chiens, il y a de quoi s'y perdre ; cela peut même provoquer un accident, ce qui a malheureusement déjà été le cas.

Le code d'annonce le plus généralement utilisé est celui-ci :

– Début de battue : un coup long.

– La mort : deux coups longs + taïauter.

– Fin de battue (ordre de déposter) : trois coups longs.

C'est simple et suffisant, il est inutile de trop en faire. Pour le rappel des chiens, les piqueurs, la plupart du temps, se contentent d'un taïauté plus ou moins répété. Il va sans dire que chaque chasseur doit obligatoirement être en possession d'une corne (pibole), aussi indispensable que le fusil ou le couteau.

Il n'est peut-être pas superflu de rappeler ici que ce sont souvent les chasseurs permanents de l'équipe, plutôt que les invités, qui commettent des erreurs. L'habitude et la routine sont mauvaises conseillères en matière de sécurité. Il faut bien le dire, il apparaît souvent désuet, pour ne pas dire inamical, à certains chefs de battue de rappeler à leurs amis, avec qui ils chassent depuis toujours, des règles qu'ils connaissent si bien qu'ils oublient régulièrement de les respecter.

Les armes ne seront approvisionnées et armées que lorsque les tireurs seront à leur poste et que le signal de début de traque aura été donné. Nous rappellerons ici que la seule véritable sécurité pour une arme de chasse, quelle qu'elle soit, est une arme vide. Tous les systèmes, dit de sûreté, ne sont que des gadgets trompeurs et sont souvent à l'origine d'incidents, ou pis, d'accidents. De même, les armes seront désarmées, déchargées et mises sous étui ou démontées pour tout changement de poste, c'est réglementaire et obligatoire.

La responsabilité du chef de battue peut être engagée en cas d'accident et, outre l'assurance obligatoire de chaque chasseur, une assurance spécifique « responsabilité civile » peut être souscrite par le responsable de la chasse. Après l'accident, c'est trop tard, il y a enquête policière et tout sera vérifié. Avez-vous bien donné les consignes de sécurité ? Avez-vous attribué nommément et matérialisé les postes ? Avez-vous vérifié les permis et l'armement de chaque participant ?...

Les postés rejoignent leur place en silence et s'assurent de la place exacte de leur voisin. La meilleure méthode étant que chaque tireur posté accompagne son voisin à sa place, puis revienne ensuite à la sienne. Le tireur sera posté « ventre au bois », c'est-à-dire du côté d'où vient la traque, et ne tirera qu'en arrière, à savoir quand l'animal aura passé la ligne et rentrera au bois à l'opposé. En aucun cas, un tir ne sera effectué dans l'enceinte traquée. Si un petit siège est utilisé, ce qui n'est pas interdit et soulage parfois des jambes un peu fatiguées, il ne faut jamais effectuer un tir en position assise. L'instabilité de la position et, bien sûr, le tir non fichant peuvent être à l'origine d'un accident. Le tireur posté ne quittera son poste qu'en fin de traque et après y avoir été expressément invité par un signal convenu. Bien entendu, mais est-il besoin de le rappeler, une seule arme par tireur (!) et pas de chien tenu en laisse au poste.

Les piqueurs ne découpleront leurs chiens que lorsqu'ils se seront assurés que tous les postes seront effectivement tenus (sonnerie du dernier posté). Piqueurs, traqueurs et postés porteront des signalisations voyantes sur leurs vêtements. Baudrier, gilet, brassard et casquette fluo, que certains chasseurs répugnent encore à utiliser au nom de nous ne savons quelle mode, deviennent sinon obligatoires, du moins très fortement conseillés. C'est une sécurité supplémentaire, il faut être vu. Les traqueurs et les piqueurs se manifesteront bruyamment à l'approche de la ligne de tir.

En fin de traque, le chef de battue s'assurera que tous les chasseurs ont bien reçu et compris l'ordre. On n'attendra pas le soir au rendez-vous pour s'apercevoir qu'il y a encore

À droite : *Succulent ce brin d'herbe tendre !*

Pages suivantes : *Chevreuils en pelage d'hiver.*

un tireur qui attend patiemment à son poste que l'on vienne le chercher ! Tout tireur posté aura le devoir de récupérer, dans la mesure du possible, un maximum de chiens, évitant en cela aux piqueurs de longues et fastidieuses recherches après la chasse. Les armes ne seront admises au rendez-vous que si un emplacement spécifique (râtelier) y a été aménagé.

Les battues postées au chien courant

Chasse collective par excellence, c'est le symbole même de la convivialité où, au départ, chaque participant est à égalité de chances de voir et de tirer un animal. Dans cette pratique, il faut être parfaitement conscient que le résultat final dépend de la faculté de chacun – piqueurs, chiens, tireurs – à parfaitement tenir sa place et son rôle.

En apparence, mais en apparence seulement, très faciles à conduire, les chasses en battue postée avec ou sans chiens sont très prisées dans de nombreuses régions françaises. Elles restent le mode de chasse du chevreuil le plus pratiqué actuellement. En fonction de la région, des habitudes locales, de la superficie du territoire et des chiens utilisés, la battue prendra des formes diverses. Il

s'agira toujours de fermer une enceinte plus ou moins grande et aménagée ou non, et d'en faire sortir les chevreuils par divers moyens.

Dans certaines forêts de plaine bien aménagées, les postes seront matérialisés, voire numérotés. La traque sera conduite par des traqueurs non armés, secondés par des chiens de petits pieds, bien aux ordres (fox, teckels, briquets). Une discipline presque militaire assurera une entière sécurité. Les chevreuils dérangés, mais en principe pas trop affolés, fuiront devant ou derrière la ligne de rabat. Si les postes sont bien aménagés et suffisamment dégagés, le choix de l'animal à tirer n'en sera que plus facile. Si le plan de chasse est qualitatif, il conviendra d'effectuer ces battues assez tôt en saison. Les brocards seront encore coiffés et il sera même possible, avec beaucoup d'attention, de distinguer les jeunes des adultes. Dans les forêts de feuillus, on peut même attendre la chute des feuilles pour organiser ces battues. Dans ce cas, la marge est plus faible, car plus on avance en saison, plus la visibilité augmente, mais plus il est difficile, au saut d'un layon, de faire rapidement la différence entre un mâle décoiffé et une chevrette. Dans les forêts sempervirentes de chênes verts ou de résineux, cette question ne se pose pas, le milieu est toujours fermé quelle que soit la saison.

Dans d'autres régions où les territoires de chasse sont plus vastes, on utilisera des grands courants, très bien créancés dans la voie du chevreuil. Généralement, le piqueur foulera l'enceinte à la billebaude et découplera sa meute sur une voie chaude ou le plus souvent à vue sur un animal mis debout. Les postes, même s'ils sont bien connus, seront plutôt des emplacements stratégiques où, en théorie, un animal poursuivi doit passer. Dans ce cas, si la connaissance du territoire semble indispensable, l'improvisation est souvent de mise. Même si cette liberté d'action est bien agréable, elle ne doit en rien occulter les règles indispensables de sécurité. Il conviendra aussi de s'assurer que les bons postes sont dévolus aux bons tireurs, même si cela peut paraître choquant pour certains. Un chevreuil manqué avec une meute de griffons bleus de Gascogne au train, et le piqueur ira récupérer sa meute trois communes plus loin.

Çà et là, on peut déplorer que les tirs de chevreuils soient souvent effectués lors de battues au sanglier. On dispose de deux ou trois bracelets, alors, au hasard, si on lève un chevreuil, on tirera. Cette façon d'agir est la pire des choses, car tout est mis en œuvre pour faire des erreurs, sinon plus. Dans ce cas, pas de tir sélectif possible, les postes ne seront pas nécessairement aménagés pour permettre de bien juger l'animal à tirer. De plus, l'armement sera souvent inadapté car, bien

À gauche : *À l'attaque, avec des chiens courants.*

sûr, c'est un vieux solitaire de 200 livres qui peut faire le poste. Alors comme dit le proverbe, « Qui peut le plus, peut le moins ! », il vaut donc mieux être bien armé !

La poussée silencieuse

Lorsque le territoire le permet (forêt bien percée, peu accidentée, petites enceintes), la poussée silencieuse peut se pratiquer. C'est une autre forme de battue. Les tireurs sont postés selon les mêmes règles que celles qui ont été décrites précédemment, mais la traque est beaucoup plus discrète. Il s'agit alors de mettre sur pied les animaux par la simple présence de quelques personnes dans le bois. La présence de chiens n'est pas indispensable et, dans tous les cas, s'ils sont utilisés, il s'agira de chiens très disciplinés, de préférence mordant ou de petit pied. Le gibier se présentera alors plus calmement à la ligne de tir, ce qui permettra au tireur de très bien juger l'animal avant le tir. Plus sélective et plus technique, mais on le comprendra, pour certains, moins génératrice d'émotion, ce type de battue ne peut se concevoir que dans des circonstances bien particulières (chasses privées, petits lots isolés, licences ONF, etc.).

C'est cependant, partout où cela est possible, une excellente méthode de chasse qui permet une bonne sélectivité des tirs tout en conservant la convivialité de la chasse en groupe, si importante à nos yeux. Ce type de battue trouvera sa justification en cas de plan de chasse qualitatif, le choix des animaux à tirer étant plus aisé.

La chasse à l'approche

À l'opposé des chasses collectives, bruyantes et souvent dérangeantes, qui sont, comme nous l'avons vu, peu propices à la sélectivité des prélèvements, peuvent se pratiquer pour le chevreuil des méthodes individuelles et silencieuses. Parmi elles, l'approche est sans doute la plus attractive.

C'est la chasse primitive, celle ou un drame intense va se jouer entre un chasseur et un animal qui doivent se faire aussi discrets l'un que l'autre. Bien sûr, la lutte est inégale entre l'homme moderne armé d'un engin sophistiqué et le chevreuil qui n'a que sa méfiance et sa connaissance du territoire pour survivre. Mais au-delà de ces considérations, la chasse à l'approche, par principe très sélective, est une méthode ancestrale, certes, mais qui correspond parfaitement aux aspirations de la gestion moderne d'une espèce comme le chevreuil. Par définition individualiste, cette pratique va se heurter dans bien des endroits à des réticences aussi stupides qu'injustifiées. Une réglementation particulière est d'ailleurs là pour l'encadrer et éviter des débordements très dommageables.

La chasse à l'approche est surtout pratiquée pour le tir d'été des brocards, mais rien

À gauche : *Le choix des chiens dépend de nombreux facteurs : goûts personnels, nature du terrain, mode de chasse, etc.*

Ci-dessous : *À l'approche, tir appuyé.*

Quand l'approche est délicate !

Avec ce vénérable général en retraite, dont je tairai le nom par respect pour sa mémoire, le départ de la chasse était toujours un moment surprenant. J'étais presque obligé de « faire les poches » de ce brave homme avant chaque sortie. C'était une quincaillerie ambulante : menue monnaie, montre et sa chaîne, couteau, trousseau de clés et que sais-je encore s'entrechoquaient à chaque pas en un bruit discret mais qui, au fil des minutes et en fonction de mon attention grandissante, devenait un vacarme assourdissant. Si vous ajoutez à cela une aptitude particulière à s'entraver dans la moindre brindille et à buter sur le plus petit caillou, c'est tout son régiment de fantassins que je traînais derrière moi. Pour couronner le tout, mon Nemrod était équipé d'une carabine dont la culasse était plus bruyante qu'une mitrailleuse lourde. Je ne vous parlerai pas non plus des 120 musiciens du philharmonique de Berlin, enfermés dans son téléphone portable et qui entonnaient, au moment le plus inopportun, le *Tannhäuser* de Richard Wagner... Quand je vous aurai dit qu'il parlait un peu fort car il avait l'oreille dure, vous comprendrez que nous ayons fait ensemble de très belles balades. Mais que les âmes sensibles se rassurent, jamais aucun chevreuil n'a eu à pâtir de nos sorties.

n'empêche de la pratiquer pour la réalisation intégrale d'un plan de chasse. Pour le tir d'été, la demande doit être faite à la Fédération départementale des chasseurs, afin d'obtenir une autorisation préfectorale individuelle. Le ou les bracelets seront donnés sur le quota attribué au territoire en question. Cette chasse est autorisée à partir du 1er juin.

Là plus qu'ailleurs, la connaissance du terrain et de l'espèce est indispensable au chasseur, qui devra faire corps avec le milieu ambiant afin de s'y confondre pour tromper la vigilance du chevreuil et des autres animaux qui peuvent être mis en alerte. Sachez quand même que vous ne pourrez jamais éviter de vous faire repérer par un geai ou quelque autre pie, qui se fera un malin plaisir de prévenir tous les hôtes de la forêt de votre présence.

La chasse à l'approche n'est pas, loin s'en faut, une simple promenade en forêt pour tirer un chevreuil au hasard d'une rencontre. D'ailleurs ce qui étonne souvent le néophyte, c'est la manière dont les chevreuils, qui d'habitude sont si curieux et en apparence non méfiants quand vous êtes aux champignons, fuient comme des fusées dès que vous entrez dans ce même bois avec des ruses de Sioux et une carabine à la main.

À droite : *Le chevreuil peut débûcher à tout moment.*

Pour la pratique de cette chasse, l'équipement du chasseur est primordial. Des vêtements de teinte neutre et peu bruyants, adaptés à la saison, sont indispensables. On se souviendra que c'est plus le contraste que la couleur elle-même qui mettra l'animal en alerte. Une paire de chaussures étanches et confortables ainsi que gants et chapeau compléteront l'équipement. Le chasseur aura toujours comme souci majeur de passer le plus inaperçu possible. Les poches seront vidées de toute quincaillerie ou électronique inutile, toujours bruyante au moment le plus inopportun.

Pas de portières de voiture claquées en arrivant et autant de discrétion au retour qu'à l'aller. L'approche se fera de préférence le matin ou le soir, moments auxquels les animaux ont une plus grande activité, et un temps calme sera bien sûr plus favorable. En ce qui concerne l'armement, une arme rayée parfaitement réglée s'impose, la blessure n'est pas permise. Le calibre et la munition seront adaptés à ce type de chasse. Une bonne lunette de visée et un bâton d'appui seront en outre indispensables. Un appeau dans une bouche experte pourra être un leurre efficace.

La sélectivité du tir favorisée par cette technique est certes un atout. Il ne faudrait cependant pas en conclure trop vite que c'est la panacée, tomber dans l'excès, et penser qu'en éliminant les « mauvais » on améliorerait à coup sûr les « bons ». Les critères de choix qualitatifs sont beaucoup trop subjectifs et les mystères de la génétique nous ramènent à beaucoup d'humilité et de circonspection. Cependant, cette pratique convient parfaitement pour réaliser un plan de chasse par classe d'âge et de sexe. De nombreuses sorties sont nécessaires avant un tir réussi et c'est sur le long terme que se jugera l'efficacité de la méthode.

Ci-contre : *Du haut du « perchoir », quel point de vue !*

La chasse à l'affût

Pour l'affût, il conviendra d'équiper le territoire d'installations fixes du type mirador et autres perchoirs et hauts sièges sur des places privilégiées. L'accès à ces installations se fera le plus longtemps possible à l'avance afin de ne pas déranger les animaux. Souvent bien connu du gibier du secteur, le mirador est très surveillé. La dissimulation et l'immobilité seront de rigueur. Au cas où des installations fixes seraient installées à proximité de points d'affouragement, elles ne devront en aucun cas être utilisées pour tirer un animal. D'ailleurs, l'affût n'a pas pour but nécessairement de tirer, mais peut aussi se révéler fort intéressant pour observer afin de mieux connaître les animaux qui peuplent le territoire. Bien souvent, dans la pratique, affût et approche peuvent se combiner sur un même tènement.

Les installations d'affût en hauteur seront systématiquement vérifiées avant la saison et en cours de chasse, afin que leur fiabilité soit contrôlée. Des actes de vandalisme ont été à l'origine d'accidents graves. Un barreau qui casse ou une mauvaise protection contre la pluie transformeront votre partie de chasse en cauchemar.

La chasse à l'arc

De plus en plus pratiquée en France, il convient tout de même de s'assurer dans quelles conditions elle peut s'exercer. Cette chasse met en jeu les mêmes techniques que pour l'approche et l'affût, à cela près qu'il faut faire preuve encore de plus de vigilance, de mimétisme et de discrétion, car il faut se rapprocher au plus près de l'animal. La distance maximale de tir efficace étant d'une trentaine de mètres, une connaissance parfaite de l'anatomie du chevreuil est indispensable. La flèche doit atteindre impérativement un centre vital important.

Ci-dessous : *Arc, flèches, carquois, tout est prêt.*

Ci-dessus : *Souvent mal perçue par l'opinion, la chasse à courre est affaire de tradition.*

La vénerie

« Faites donner à cor et à cri », c'est par ces mots que le maître d'équipage donne l'ordre de départ du laisser-courre.

L'autre grande méthode de chasse aux chiens courants, sans doute la plus ancienne, est bien sûr la vénerie. Cette chasse consiste, avec une meute de chiens d'ordre, anglo-français, français tricolores, poitevins, billy, etc., créancée sur le chevreuil, à mettre sur pied, poursuivre, forcer et mettre hallali un animal précis. Théoriquement plus naturelle, puisqu'elle s'apparente à la poursuite des grands prédateurs disparus, cette chasse peut paraître plus perturbante. Plus d'ailleurs par le nombre de personnes qu'elle met en jeu, veneurs et leurs chiens, mais surtout « suiveurs », la plupart du temps motorisés, que par le nombre d'animaux prélevés. Cette forme de chasse qui est encore très pratiquée en France demande des moyens et une technicité sans faille. Dans la vénerie du chevreuil, brocards et chevrettes sont courus, même si la préférence des veneurs va aux mâles.

La vénerie du chevreuil

Moins de cent équipages pratiquent la vénerie du chevreuil et prélèvent en moyenne 900 chevreuils par an, ce qui est une infime partie du prélèvement global. Souvent mal perçue, la chasse à courre est affaire de tradition, mais aussi de grande connaissance de l'espèce chassée. Le plan de chasse est nécessaire pour ce type de chasse. Les chevreuils prélevés le sont sur le quota de l'adjudicataire du lot où a lieu l'attaque, et non à l'endroit de la prise.

Critiquable quelquefois, critiquée souvent, la vénerie reste quand même enfouie dans nos mémoires comme une épopée inaccessible qui a laissé çà et là quelques traces. Qui n'a « marché sur les brisées » d'autrui, « donné le change » ou réclamé « à cor et à cri » ce qui lui était dû ne peut comprendre cet art si viril et si subtil à la fois. Enfin, nul chasseur autre que le veneur n'a le don de raconter et de faire revivre une chasse passée.

Tradition, rituel, rigueur et déontologie sont les traits marquants de cette chasse dont les origines se perdent dans la nuit des temps, l'homme n'ayant fait que copier et détourner à son usage le mode de chasse des canidés sauvages, en particulier. Une journée de laisser-courre est régie par des règles immuables et commence toujours par « faire le bois », ce que les chasseurs de sangliers appellent généralement « faire le pied ». La forêt est sillonnée à l'aide d'un chien qui devra trouver l'animal de chasse et cerner au plus près l'enceinte où celui-ci est supposé remisé. Une vieille lice, tenue à la longe, toute de finesse et de métier, fait généralement l'affaire. Mais le chevreuil étant très territorial, pour ne pas dire casanier, il suffit généralement, pour qui connaît bien sa forêt, d'attaquer à la billebaude une enceinte connue pour la présence régulière d'animaux.

Les phases de la chasse

La vénerie du chevreuil est considérée à juste raison comme la plus délicate, si ce n'est la plus difficile. C'est une chasse tout en finesse, comparable en cela à celle du lièvre. Les chiens doivent faire preuve de qualités de chasse et de nez remarquables. La voie du

Ci-contre : *À l'écoute de la meute.*

chevreuil est subtile et surtout fugace. Les veneurs s'accordent à dire que le sentiment de l'animal diminue au fil de la poursuite pour, dans certains cas, complètement disparaître sur un animal épuisé. Faire courir un chevreuil c'est facile, le mettre « hallali » l'est beaucoup moins. C'est donc une chasse qui doit être menée le plus rapidement possible. La délicatesse de la voie sera aussi fonction du milieu dans lequel se déroule la chasse et de la météo du jour. L'autre difficulté tient aussi au comportement même de l'animal, qui n'aura de cesse de donner au change, c'est-à-dire de rechercher et de croiser les voies des autres chevreuils du secteur. Plus la densité d'animaux sera forte sur le territoire chassé, plus les possibilités de change seront importantes. C'est à ce moment que toute la discipline des chiens ou le métier du veneur s'exprimera. Des animaux frais peuvent à tout moment sauter au-devant de la meute, qui devra impérativement tenir la voie de l'animal de chasse. Les jeunes chiens se laissent facilement abuser, un vieux routier à l'expérience sans faille ne se laissera pas tromper. L'autre ruse du chevreuil est sa faculté à faire « hourvari ». Il va redoubler ses voies, revenir plusieurs fois sur le « contre » et mettre les chiens en défaut. L'écheveau des voies est parfois tellement emmêlé que le piqueux doit reprendre la meute et faire les « grands devants » pour retrouver le pied. Bien lancé et connaissant parfaitement son territoire, le chevreuil prendra de l'avance sur ses poursuivants ; il « forlonge », augmentant pour un moment la distance qui le sépare des chiens. Mais bientôt la meute reprend de l'assurance et se récrie de plus belle sur l'animal à vue. Le chevreuil « débûche », mais la terre molle du récent labour le ralentit terriblement, il s'épuise. L'animal est sur « ses fins ». Sa fuite éperdue se termine parfois vers l'étang ou la rivière, c'est le « bat l'eau » et, enfin, la prise. Un chevreuil ne pèse pas bien lourd devant la meute.

« Curée » est faite aux chiens et le maître d'équipage fait alors les « honneurs du pied » à un invité de marque, en lui remettant l'antérieur droit de l'animal de chasse, dont la peau incisée aura été tressée.

Pages précédentes : *Au crépuscule, en hiver.*

À gauche : *Dans la vénerie du chevreuil, la préférence des veneurs va aux mâles.*

Ci-contre : *L'anglo-français est très utilisé dans la vénerie du chevreuil.*

Toutes les phases de la chasse sont ponctuées de sonneries et de fanfares qui lui donnent cette atmosphère si particulière. Ces sonneries sont en fait un code de communication qui permet aux veneurs et aux suiveurs avertis de suivre le bon déroulement de l'action.

La forêt résonnera de sonneries puissantes qui se répondent à la croisée des chemins. La vue, le brocard, le débûché, l'hallali et la curée vous raviront. Enfin, les sonneurs, tous réunis, vous feront la grâce du chevreuil, fanfare virile et harmonieuse.

Un laisser-courre ne peut se conclure que dans l'ambiance conviviale d'un repas, où les veneurs, dont eux seuls ont le secret, vous enchanteront de leurs partitions originales et parfois grivoises.

Il est vrai que de nos jours ce mode de chasse peut paraître aux yeux de certains comme anachronique et désuet, réminiscence d'un passé que l'on croyait disparu. Mais doit-on toujours trouver un justificatif à nos plaisirs ? Point de sensiblerie hypocrite, la chasse, quelle qu'elle soit, est nécessaire pour l'équilibre des populations de grand gibier. La vénerie y participe tant qu'elle est pratiquée par des veneurs responsables et respectueux des règles.

Les chiens

Toutes les races de chiens courants sont capables de chasser le chevreuil, pour autant qu'un minimum de discipline leur soit imposée. La finesse de nez d'un ariégeois, la discipline d'un anglo, la gorge d'un gascon ou la passion de la chasse d'un nivernais feront merveille à la poursuite du petit cervidé. Ce n'est pas pour autant qu'il faille négliger les chiens mordants ou de petit pied qui feront merveille sur des territoires plus restreints. Même s'ils n'ont pas tout à fait été sélectionnés pour chasser le chevreuil, il n'est pas rare de voir certains labradors, épagneuls ou korthals fort bien se débrouiller face à ce gibier. Il n'est pas douteux qu'un excellent chien de change sera un auxiliaire précieux, tant le chevreuil est imprévisible et ses ruses parfois machiavéliques. Pour la chasse à courre, les anglo-français, les beagle harrier ou les billy auront la préférence des veneurs, bien qu'aucune race de chien courant ne soit vraiment exclue de cette discipline.

Cependant, un des principaux griefs que font les chasseurs de sangliers, et parfois de lièvres, au chevreuil, c'est de dévoyer les chiens, qui bien souvent préfèrent aller au plus facile, du moins au départ. Mais comment peut-il en être autrement si, dès qu'ils empaument la voie d'un chevreuil, ils n'ont de cesse de le leur tirer devant le nez et qu'ils arrivent à la mort ? Il faudra bien un jour prendre conscience de ce fait et organiser la battue en fonction du plan à réaliser et non à l'opportunité de la rencontre. C'est aussi une volonté du piqueur d'être au plus près de ses chiens à l'attaque afin de parer à toute éventualité pour retenir ou appuyer la meute sur la bonne voie. Pour beaucoup, c'est un changement profond de mentalité, et chacun sait qu'en matière de chasse les choses sont lentes à évoluer.

Il est inutile et illusoire de jeter l'opprobre sur le chevreuil, il n'y est pour rien si les chiens que vous découplez ne sont pas capables de faire la différence. La chasse n'est pas une science exacte et demande beaucoup d'humilité et de pugnacité pour qu'il soit permis de profiter pleinement de ces plaisirs simples mais intenses. Une battue au chevreuil bien organisée et bien menée sera toujours source de grande satisfaction.

Mais il ne faut pas le nier, ce principe de chasse aux chiens courants de grand pied est quand même bien peu adapté à la réalisation d'un plan de chasse qualitatif et requiert de la part des participants attention et modération. Il vaut toujours mieux laisser passer un animal dont on n'est pas sûr qu'il s'inscrive dans le plan de chasse plutôt que de faire une erreur grossière.

Nous ne saurions clore ce chapitre sans parler de cette pratique désastreuse qui consiste, sous prétexte de chasse à nous ne savons quels pseudo-nuisibles de prolonger la saison bien au-delà du raisonnable. Certes on ne tue pas, mais souvent le mal est plus sournois car invisible directement. L'entraînement des chiens est une chose mais le cantonnement des animaux et leur quiétude en est une autre, beaucoup plus importante, l'intersaison est courte, respectons-la. Savoir s'arrêter à temps, c'est aussi de la gestion.

Une histoire vraie

Le matin, de bonne heure, devant un groupe de chasseurs aussi motivés qu'enthousiastes, le chef de battue donne ses ordres et ses consignes. Parmi celles-ci, une de la plus haute importance !

– « Aujourd'hui vous ne tirez que les plus gros. On les gardera pour le banquet de la société. Alors pas de petits. Je ne veux pas voir un « biquion » au tableau. Et vous annoncez la couleur ! »

Pour la majorité des chasseurs présents, c'était une évidence. Comment pouvait-il en être autrement ?

Un tireur tous les 50 m fait un alignement impressionnant du sommet de la colline à une autre crête en passant par le fond du vallon. La ligne Maginot en quelque sorte. La traque démarre et déjà les chiens donnent à pleine voix. Le premier chevreuil qui sort du bois est un chevrillard guère plus gros qu'un lièvre. Le premier tireur posté, fidèle à la consigne, crie à son voisin :

– « C'est un petit, ne tire pas ! » Ce que répète bien consciencieusement son voisin et, ainsi de suite, l'annonce se répand de chasseur en chasseur dans le vallon.

– « C'est un petit, c'est un petiit, c'est un petiiit, c'est un petiiiit. Pan Pan ! »

Et sitôt après les coups de feu, Lucky Luke, car c'était son surnom, allez savoir pourquoi, demande : « Qu'est-ce que tu dis ? »

L'armement et la balistique

Obligatoire pour le cerf et tout autre grand gibier, le tir à balles est généralisé en France. Le chevreuil, qui, suivant les départements, est considéré comme le plus grand des petits gibiers ou bien le plus petit des grands gibiers

À droite : *Arme adaptée, lunette bien réglée, tir stabilisé : la réussite est au bout.*

se retrouve avec un statut ambigu. En effet, dans certains départements, il peut être tiré à grenaille. Cette pratique, qui peut paraître inconcevable et aberrante pour beaucoup d'entre nous, est, pour d'autres, tout à fait appropriée à ce type de gibier, prétendument fragile. En fait, dans ce cas, ce sont plus des considérations de sécurité qui sont avancées. Les régions qui obligent ou préconisent le tir à grenaille sont souvent celles où l'on chasse le chevreuil en milieu très ouvert et où la présence d'autres personnes – chasseurs de petit gibier, agriculteurs, promeneurs – n'est pas exclue. De plus, il s'agit souvent de battues occasionnelles et les participants ne sont pas nécessairement équipés et familiarisés avec l'usage d'armes rayées. Les polémiques sont vaines, chaque partie étant convaincue de détenir la vérité.

Il va sans dire, mais c'est là une opinion tout à fait personnelle, que pour le chevreuil aussi le tir à balles s'impose. Il n'y a rien de véritablement glorieux à cribler de plombs de 4 un chevreuil au saut d'une allée. Quant à prétendre, comme on l'entend çà et là, que le tir à balle serait dangereux parce que souvent les battues ont lieu en plaine ou en terrain trop découvert, c'est l'argument des inconscients et des maladroits. Ces chasseurs-là seraient de toute façon toujours dangereux, même avec un lance-pierres !

En matière de chasse, ce ne sont jamais ni l'arme ni la munition qui sont dangereuses, mais celui qui s'en sert. Dans le même registre, l'adéquation de la munition au gibier convoité est tout aussi importante. On ne pêche pas le goujon avec une ligne à brochet, il en est de même pour la chasse au chevreuil. Que ne voit-on de chevreuils pulvérisés par une munition qui aurait arrêté un char d'assaut et dont la carcasse n'est profitable pour personne. Une 300 Win. Magnum tirant une balle de 180 grains pulvérisera un chevreuil alors qu'une Brenneke de 12 aurait été grandement suffisante.

Cela nous amène tout naturellement à réfléchir au problème de l'arme de chasse en général et à sa balistique. Connaissant depuis de nombreuses années le monde de la chasse,

Ci-dessus : *Pourquoi pas le bon vieux « douze » ?*

force m'est de constater que l'arme et son fonctionnement sont loin des préoccupations majeures de certains chasseurs. L'arme de chasse est parfois objet de luxe et de fierté, bien légitime pour certains. Pour d'autres, elle ne sera qu'un « outil » qui sera porté aux nues en cas de réussite ou jeté aux orties sans vergogne et avec la même force, dans le cas contraire. Peut-être faut-il voir dans ces comportements un réel manque de formation.

Le permis de chasser est à l'image du permis de conduire. Avec le même document en poche, on peut impunément conduire, sans que personne n'y trouve à redire, une 2 CV ou une Ferrari, avec toutes les conséquences que cela peut avoir sur la route. Avec le même permis de chasser, on peut tirer du plomb de 10 sur une alouette ou du 8 x 68S sur un cerf. Ce n'est plus tout à fait la même chose. Il est pour le moins dommage que ce soit les associations de chasseurs, qui sont loin de regrouper beaucoup de monde, qui doivent se charger de la formation de leurs adhérents. Pour les autres on verra ! Il serait grand temps que l'examen du permis de chasser se trouve renforcé d'une formation digne de ce nom pour les chasseurs de grand gibier.

Trop peu de chasseurs ont de réelles connaissances en la matière. Pourtant, lorsqu'on voit les dégâts causés par une balle sur un chevreuil, il apparaît évident qu'il vaut mieux bien connaître ce que l'on a dans les mains, nous n'avons pas la couenne plus dure que celle du chevreuil. Nous ne le dirons jamais assez, en matière d'arme de chasse, c'est toujours plus la façon de s'en servir que l'arme elle-même qui est en cause.

Le calibre

Pour les armes rayées, c'est le diamètre moyen du projectile exprimé soit en millimètres (7 mm) soit en centième de pouce (calibre 44), soit en millième de pouce (300 Win), un pouce = 25,4 mm. Ce chiffre est parfois assorti de la longueur de la douille (7 x 64, 8 x 68.S, 7 x 65.R). Il existe des particularités qui n'apportent pas forcément beaucoup de clarté au débat. Pour le calibre 30-30, par exemple, il s'agit d'une munition de 30/100 de pouce chargée de 30 grains de poudre noire ! Ou bien encore, plus compliqué, le cas du calibre 30-06, il s'agit d'une munition d'un diamètre de 30/100 de pouce agrémentée de l'année d'adoption de ce type de munition par l'armée américaine (1906) ! Le nom du fabricant peut être accolé au calibre (280 Remington). La lettre R qui suit indique que la douille est à bourrelet. La lettre S, réservée au calibre 8 mm, signifie que cette munition est à alésage « large » (en anglais), ce qui correspond en réalité à un diamètre de 323/1 000 de pouce. Comme on le voit, rien n'est simple dans le monde de la balistique.

Pour les armes à canons lisses, la notion de calibre est encore plus subjective puisque, en fait, il s'agit d'une mesure ancienne qui tient compte du nombre de balles rondes que l'on pouvait faire avec une livre anglaise de plomb, qui pesait alors 453,592 g. Cela explique que plus le chiffre est petit (20, 16, 12) plus la balle est grosse. En effet, on faisait 20 balles de calibre 20 dans la livre de plomb, alors que l'on ne pouvait en faire que 12 pour le calibre courant actuel.

Les munitions

La balle est le projectile qui, par son poids, sa forme, sa structure et sa vitesse détermine le résultat à l'impact.

Pour les armes à canons lisses, les balles sont en plomb (Brenneke), en acier cuivré (Blondeau) ou multimatériau (Solengo). Leur poids varie beaucoup, de 24 à 39 g selon les modèles. Certaines sont plus légères car sous-calibrées et enchâssées dans une gaine plastique (balles flèches de type Sauvestre par exemple). Ces projectiles seraient animés d'une vitesse originelle plus grande, et donc plus efficace (d'après les fabricants).

Pour les armes rayées, les balles ont une âme en plomb plus ou moins sertie ou capotée de cuivre, de fer doux ou d'alliage plus ou moins complexes. L'ogive peut avoir des formes diverses, pointue, ronde ou à section plus ou moins aplatie. Elle pourra être pleine ou creuse, ou même en matière plastique, ce qui assurerait un meilleur approvisionnement dans les armes semi-automatiques.

On apportera un soin tout à fait particulier au stockage, à la conservation et au transport des munitions. Elles devront toujours être conservées dans leur emballage d'origine jusqu'à leur utilisation. Cette précaution évitera bien des déboires. Rien n'est plus frustrant que d'arriver à son poste avec une carabine de 7 x 64 et des balles pour la 300 Win, car c'est inévitable, c'est à votre poste que sautera le premier brocard. Sur le terrain, une cartouchière bien conçue évitera les chocs contre la pointe, empêchant ainsi les déformations, source de mauvais approvisionnement ou

Ci-dessous : *Le statut du chevreuil est ambigu. En effet, dans certains départements, il peut être tiré à grenaille.*

d'imprécision de tir. Elles ne seront jamais transportées, comme c'est quelquefois le cas, en vrac au fond d'une poche. Après la partie de chasse, les munitions seront soigneusement rangées dans un endroit sûr, et toujours séparées de l'arme (sécurité oblige).

Pour la chasse, la préférence sera donnée aux balles déformables. Seules les balles expansives ou demi-blindées sont autorisées. L'utilisation de balles blindées est prohibée. Les balles expansives ont un pouvoir de « champignonnage » et de « pétalisation » par augmentation de la section à l'impact, ce qui les freine brutalement en libérant un maximum d'énergie et en augmentant leur efficacité relative. La non-déformabilité de certaines balles pour canons lisses rend leur emploi risqué dans certaines conditions de chasse.

Le poids de la balle varie énormément en fonction du calibre, mais aussi à l'intérieur de chaque calibre. Par exemple, pour le 7 x 64, calibre polyvalent, le poids des balles varie de 7,8 à 11,50 g et peut atteindre 19 g pour le calibre 9,3 x 74R, très utilisé en battue pour le sanglier ou le cerf. Ce poids est souvent exprimé en « grains » lorsqu'il s'agit de munition d'origine américaine, un grain pesant 0,0648 g.

Les munitions pour armes à canons lisses

Pour les fusils de chasse à canons lisses, il existe un très grand nombre de modèles de balles convenant pour le tir du chevreuil. La plus utilisée est sans doute la balle Brenneke, constituée d'une tête en plomb marquée de petites rayures en spirale à laquelle est fixée une bourre en feutre. Cette balle, d'un poids de 32 g environ, est animée d'une vitesse proche de 450 m/seconde à la bouche du canon. L'énergie restante à 100 m est de

Ci-dessous : *Carabine à verrou équipée d'une lunette de tir.*

Ci-contre : *Très beau, mais mauvaise position : le tir est à proscrire.*

l'ordre de 120 kg/m. Il est à noter que la vitesse et la précision d'une balle, quelle qu'elle soit, dépendent bien évidemment de sa conception, mais aussi beaucoup du soin apporté au chargement de la cartouche (choix de la poudre, qualité du sertissage, conservation, etc.) et de la qualité du canon dans laquelle elle sera tirée.

Une autre balle très utilisée, la Blondeau, est fabriquée en acier cuivré. Elle se présente sous la forme d'un petit diabolo ceinturé de plomb aux deux extrémités. Étant moins rapide que la précédente, il faut la réserver aux canons peu ou pas chockés et avec les réserves émises plus haut quant à la non déformabilité.

La préférence sera toujours donnée aux munitions déformables (danger des ricochets) et le plus rapides possible. On évitera d'utiliser des balles à fragmentation, qui se divisent en plusieurs morceaux à l'impact. Elles sont souvent plus dangereuses pour les voisins de poste que pour le gibier ! Une nouvelle génération de balles pour canons lisses est arrivée sur le marché. Ces munitions sont sous-calibrées et logées dans une gaine en matière plastique. Elles sont plus légères, donc, en théorie, à chargement égal, plus rapides. Sont-elles plus efficaces ? L'avenir nous le dira. Il faut cependant rester sourd aux sirènes publicitaires qui voudraient nous faire croire que la nouvelle balle X ou Y permet de tirer comme une carabine. C'est idiot et faux à la fois !... Une balle de fusil de chasse est soumise à des impératifs de chargement qui lui interdisent de se prendre pour une balle d'arme rayée.

D'une façon générale, nous retiendrons que, quel que soit le type de balle utilisé dans un fusil à canon lisse, il y aura des limites de portée efficace. À 20 m, la balle aura suffisamment de vitesse, de puissance et de

À droite : *En route pour la traque !*

précision pour laisser sur place n'importe quel chevreuil. Au-delà de 50 m, le hasard jouera un grand rôle ! On gardera quand même en mémoire que, malgré les affirmations quelque peu péremptoires de certaines publicités, une munition pour canon lisse, aussi sophistiquée soit-elle, n'égalera jamais ni en précision ni en puissance une munition conçue pour une arme rayée.

Pour les inconditionnels du tir à grenaille, rappelons simplement que tout plomb d'un diamètre supérieur à 4 mm est interdit à la chasse (chevrotines) et qu'un chevreuil n'est pas une caille !

Les munitions pour armes rayées

Dans le domaine de l'arme rayée, le choix évidemment est très vaste et nous ne passerons pas en revue tous les types de cartouches ou de calibres utilisables, ce document n'y suffirait pas. Le choix se fera en fonction du mode de chasse pratiqué.

Pour le chevreuil, le calibre 243 Win avec des balles de 80 grains (5,2 g) est largement suffisant, mais bien d'autres possibilités existent, le calibre le plus polyvalent étant sans doute le 7 x 64. Il est cependant important de savoir que, pour obtenir à l'impact un choc foudroyant, le projectile doit avoir une vitesse à l'impact de l'ordre de 800 m/s et l'énergie développée doit approcher les 250 kg/m. Les discussions, pour ne pas dire les polémiques, souvent très vives sur l'opportunité du choix de telle ou telle munition ne cessent d'alimenter les retours de chasse dans les rendez-vous. Mais en un mot comme en cent c'est souvent, et de loin, la façon d'utiliser une munition plutôt que sa conception qui est en cause.

Mais avant tout choix technique se pose à mon sens un problème d'éthique pure et d'honnêteté à l'égard du gibier et de soi-même. Nous avons choisi de chasser, donc de donner la mort. Que cet acte, qui n'est et ne devra jamais être banal, soit réalisé de façon propre et nette. Ce qui implique que tout soit mis en œuvre pour arriver à cette finalité. Or cette finalité est obtenue par la puissance à l'impact que doit avoir le projectile utilisé. La précision du tir, la vitesse restante (environ 800 m/s) et la structure du projectile utilisé, qui doit perdre aussi peu de matière que possible. La structure de la balle doit lui permettre de se déformer progressivement afin d'abandonner le maximum d'énergie pendant la pénétration dans le corps de l'animal.

L'énergie cinétique souhaitable à l'impact doit se situer aux environs de 150 kg/m pour le chevreuil, à condition que la vitesse soit proche de 800 m/s à l'impact.

Fort de ces lois intangibles, le choix devient plus facile. Lorsque l'on sait que n'importe quelle balle d'arme rayée de calibre couramment utilisé (243 Win, 280 Remington, 7 mm RM, 7 x 64) développera cette énergie au moins encore à 100 m et parfois plus, l'on constate que tous ces calibres sont efficaces et suffisants.

Nous rappellerons ici que la législation en vigueur interdit l'usage de projectiles d'un diamètre égal ou inférieur à 5,50 mm, ce qui exclu tous les calibres dits 22 longs ou courts et en dessous.

Pour ce qui concerne le tir du chevreuil, l'importance de la cible est en principe connue d'avance puisqu'elle s'inscrit dans un plan de chasse, souvent qualitatif. Le choix de l'arme à utiliser n'est donc pas trop compliqué, encore qu'il soit très vaste. Trois grandes possibilités s'offrent alors au chasseur, soit un fusil à canons lisses et des balles ou éventuellement de la grenaille, soit une arme rayée, ou encore le compromis des deux, mixte ou drilling.

Les fusils à canons lisses

Tous les types de fusils de chasse classiques, qu'ils soient juxtaposés ou superposés, conviennent pour le tir du chevreuil, pour peu qu'ils soient robustes (épreuve 1 200 bars) et pas trop chockés. Cylindriques, lisses, lisses améliorés ou 1/4 de chocke sont les plus utilisés. Les canons cylindriques, suralésés à 18,5 mm (Slug) en calibre 12, sont très performants pour le tir à balle. Les fusils semi-automatiques sont très pratiques mais attention, la possibilité de pouvoir tirer très vite trois cartouches incite souvent à la précipitation. Une seule balle bien ajustée est toujours plus efficace que trois qui partent en rafale dans les buissons !

Ci-dessus : *La fragilité du chevreuil, bien que légendaire, a surpris plus d'un chasseur mal équipé.*

Les armes à canon rayé offrent, quant à elles, un vaste choix, tant au plan technique et esthétique que dans l'éventail des calibres. Généralement, plusieurs poids de balle et des structures adaptées à chaque cas sont proposés pour un calibre déterminé. Dans ce domaine, seul un armurier professionnel guidera le chasseur dans son choix.

Les carabines à verrou

Arme classique à répétition manuelle pouvant tirer quatre cartouches au coup par coup. Ce sont des armes puissantes en fonction des calibres et des chargements utilisés. Elles sont très précises, même à longue distance (rappelons ici que le tir à plus de 300 m est interdit par la loi). Cependant, elles nécessitent pratiquement de désépauler pour réarmer. Elles permettent rarement de répéter rapidement. Tous les calibres courants et toutes les gammes de prix existent dans ce type d'arme. C'est vers ces modèles que doivent se diriger les chasseurs de chevreuil, principalement s'ils pratiquent l'approche ou l'affût.

Les carabines semi-automatiques

Elles sont plus utilisées par les chasseurs en battue. Elles sont légères, presque sans recul, très fiables, s'enrayent rarement (en principe) et sont peu fragiles. Elles fonctionnent soit par emprunt des gaz ou mécaniquement. La gamme de calibres efficaces proposés est un peu restreinte. Si leur esthétique et leur finition ne sont pas leur point fort, elles sont cependant toujours d'un prix raisonnable pour ce type d'arme de chasse. Comme pour les fusils automatiques, la même remarque s'impose quant à la précipitation et au confort de pouvoir disposer rapidement de trois cartouches.

Les carabines Express

Haut de gamme de l'arme de chasse au gros gibier, ces fusils à bascule sont généralement proposés en calibre 7 x 65 R, 9.3 x 74 R ou 8 x 57 JRS. Ils sont bien en joue, à condition toutefois d'avoir été mis à la couche de l'utilisateur par un armurier qualifié. Ce sont des armes souvent très luxueuses, rarement bon marché. Le réglage de la convergence des canons étant délicat, seul un armurier spécialisé pourra s'en charger, et ce réglage devra être vérifié périodiquement. Si ce matériel est acquis d'occasion, il ne sera utilisé qu'après vérification par un armurier et essai au stand de tir. Elles peuvent également recevoir un appareil optique de visée.

Les drilling et les mixtes

Les drilling et les mixtes, beaucoup moins employés, sont la combinaison d'une arme à canons lisses (2 ou 1) auxquels a été ajouté un canon rayé généralement de fort calibre (7 x 65 R, 8 x 57 JRS ou 9,3 x 74 R). Ce sont des armes souvent assez lourdes, nécessitant une certaine habitude, surtout dans la sélection des coups. Certains pensent que ce sont à la fois de mauvais fusils et de mauvaises carabines, mais un compromis acceptable !

Les couteaux de chasse

Que ce soit pour servir un animal blessé, dépecer un gibier ou plus simplement casser la croûte, même le chasseur de chevreuil ne saurait se passer de son couteau. Dans ce domaine, le choix est infini. Du modèle pliant multifonction à la dague du veneur richement décorée, en passant par le superbe Laguiole ou l'indémodable Opinel, de nombreux modèles et de nombreuses formes existent et doivent réunir quelques qualités essentielles à un couteau de chasse. Quel que soit le modèle choisi, il sera solide, tranchant et bien en main. Si, par-dessus le marché, il est beau, ce ne sera pas plus mal. On évitera, bien sûr, les gadgets plus ou moins esthétiques ou fonctionnels qui garnissent certaines vitrines ou les stands de foire à la publicité racoleuse. Un chasseur de chevreuil n'est pas un GI perdu dans la jungle malaise ! Et bien entendu personne n'oubliera que, dans le cas d'un cadeau, il faudra prendre soin de gratifier le généreux donateur d'une petite pièce. Une lame, aussi fine soit-elle, pourrait couper l'amitié !

La balistique d'impact

Ces quelques notions de balistique, liées au matériel et à son emploi, nous amènent tout naturellement à la balistique d'impact, c'est-à-dire aux effets réels produits par un projectile sur sa cible.

Le simple fait qu'une balle arrive au bon moment, au bon endroit, dans de bonnes conditions sur un animal en mouvement est la résultante de plusieurs paramètres qui se succèdent à très grande vitesse.

Entre le moment de la décision de tir et l'impact de la balle à 100 m, il s'écoule environ 35/100 de seconde, temps cumulé pour les réactions humaines, mécaniques et pyrotechniques pour un projectile ayant une vitesse initiale de 800 m/s. Or un animal lancé à pleine vitesse atteint facilement 40 km/h, ce qui fait que pendant ce laps de temps il aura parcouru 3,90 m environ. Cela montre à l'évidence que les coups de longueur sont souvent hasardeux, même avec une arme précise et bien réglée.

Ci-dessous : *Au poste, discrétion et vigilance s'imposent.*

Cela sera encore plus vrai avec une arme à canons lisses, car dans ce cas la vitesse initiale du projectile sera beaucoup plus faible, souvent moins de 450 m/s.

Un autre élément qui préjuge de l'efficacité du tir est le milieu dans lequel va progresser le projectile. Dès sa sortie du canon, la balle va se déplacer à grande vitesse et, en théorie, ne s'arrêtera que sur l'objectif. En revanche, elle peut, pendant son trajet, rencontrer un obstacle qui, si petit soit-il, aura une incidence sur sa trajectoire. En bref, cela veut dire que toute balle qui touchera une herbe, une brindille, une branche ou tout autre obstacle sera déviée et tout ou partiellement fragmentée par cet obstacle. Pour exemple, une balle expansive à pointe creuse, d'un calibre de 7 mm, pesant 9 g et animée d'une vitesse de 900 m/s, se pulvérisera sur des épis de blé mûrs ! De même, une balle de 280 Remington peut dévier sa trajectoire de 30 degrés après avoir sectionné une brindille de 10 mm de diamètre.

Quoi qu'il en soit, le projectile, en arrivant sur sa cible, aura des effets de destruction plus ou moins importants. De sa forme, de sa structure, de son poids et de sa vitesse va dépendre le résultat. Rappelons ici que l'énergie développée à l'impact est le produit de l'équation : poids du projectile x carré de la vitesse/2.

Pour simplifier et ne pas rentrer dans des détails trop techniques, nous admettrons que pour un animal se présentant par « travers » c'est le tiers avant, ainsi que la colonne vertébrale, qui sera la zone à atteindre. La mort peut être le fait soit de la puissance de l'impact près d'un centre nerveux (choc tétanisant), soit la destruction d'un centre vital (cerveau, moelle épinière, cœur, gros vaisseaux, etc.).

Tout autre endroit touché, même avec un projectile puissant, n'aura pas nécessairement d'effet immédiat et l'animal pourra encore fuir et souvent fort loin. Parfois même, dans le cas de balles non déformables, celle-ci se comporte comme une arme blanche, traversant les tissus sans dommages suffisants, n'arrêtant pas l'animal sur place. La fragilité du chevreuil, bien que

À gauche : *À ne pas faire : c'est un peu la pagaille, gare à l'accident !*

Ci-dessus : *Marquage du chevreuil par le directeur de chasse.*

À droite : *Bien juger avant de tirer.*

légendaire, a surpris plus d'un chasseur mal équipé. Combien d'animaux blessés ont terminé leur vie dans l'estomac d'un charognard ?

La loi interdisant, en France, l'emploi de balles blindées, seules sont utilisées à la chasse des balles expansives, donc déformables. Il faudra donc toujours chercher le compromis entre l'expansion, qui libère toute l'énergie du projectile à l'impact mais limite sa pénétration dans les tissus, et le fait que la balle puisse conserver une certaine intégrité et une homogénéité qui lui permettront quand même de traverser l'animal afin de créer un trou de sortie favorisant le saignement.

Les balles à structure plus ou moins creuse et à fort pouvoir expansif libèrent beaucoup d'énergie à l'impact, mais ne traversant pas, elles sont parfois trompeuses, en laissant sur place un court instant un animal étourdi qui peut se relever et repartir. La notion même d'énergie doit être relativisée car il ne sert à rien à un projectile d'en libérer beaucoup s'il n'arrive pas avec précision à un point vital. Le choix se fera donc en fonction du gibier chassé, mais aussi du type de chasse pratiqué.

Nous ne le redirons sans doute jamais assez, le chasseur aura toujours intérêt à s'assurer les conseils d'un armurier professionnel. Ce type de munitions, pas plus que les armes, ne s'achètent sur les rayons anonymes du supermarché du quartier.

L'optique

Pour compléter l'armement, le chasseur qui pratique l'approche ou l'affût devra s'équiper d'un appareil optique de visée (lunette) et d'une bonne paire de jumelles. Constituant un investissement à long terme, la dépense doit s'orienter vers du matériel fiable et de marque connue.

Une règle essentielle est d'harmoniser le grossissement et la qualité de luminosité de la lunette de tir montée sur la carabine à ceux des jumelles utilisées. Comme l'on passe souvent de l'une à l'autre, il ne faut pas avoir à modifier les réglages.

Chez l'homme, la qualité et les performances de la vue ne sont pas éternelles, hélas. Il ne faudra donc pas hésiter, au cours de sa carrière de chasseur, à changer de matériel. Par exemple, pour une personne ayant une vue parfaite, des jumelles de 8 x 56 seront très performantes, alors que des 10 x 50 seront beaucoup plus confortables pour un chasseur dont la vue aura quelque peu baissé. On recherchera de préférence des optiques d'une bonne puissance nocturne (indice crépusculaire) qui ne devra jamais être inférieure à 18-20. On chasse souvent à l'approche ou à l'affût le soir au crépuscule ou le matin très tôt.

La visée sera grandement facilitée par les nombreux systèmes que l'on trouve actuellement sur le marché. Une lunette de battue avec un champ de 30 m sera une aide précieuse qui permettra une visée sélective. Son utilisation demande toutefois une part d'accoutumance pour le néophyte. L'oculaire embué, ou la visière de la casquette qui fait écran, et c'est un chevreuil de plus qui aura la vie sauve. Les systèmes dits « point rouge » ont beaucoup évolués et pardonnent quelques défauts de position. Ils ne sont toutefois pas infaillibles. Les nouveaux viseurs de type holographiques apportent un grand « plus » dans la facilité d'utilisation et la rapidité de prise de visée. C'est actuellement ce qui se fait de mieux dans le genre champ illimité, absence totale de parallaxe, image brillante en toutes circonstances. Mais là encore il faut mettre le réticule au bon endroit !

Les bandes de battue et hausses de poursuite, bien réglées et aidées par un bon guidon contrasté, permettent des tirs rapides à ceux qui ont conservé la vue de leur vingt ans. La facilité et la robustesse du montage seront primordiales et, là encore, seul un armurier professionnel pourra effectuer un montage correct et durable.

Après la chasse

La culture cynégétique de certaines régions est très respectueuse des traditions et les honneurs sont souvent rendus au gibier et au chasseur. Parfois, les grandioses cérémonies rituelles de présentation du tableau peuvent paraître désuètes, voire condescendantes, aux yeux du profane. Cependant, un minimum d'égards et de considération doit être accordé au gibier abattu. En l'occurrence, ce chevreuil qui nous a fait tant vibrer mérite quelque attention et du respect de notre part. Il est parfois navrant de voir avec quelle désinvolture, pour ne pas dire mépris, certains chasseurs se comportent dès que l'animal est mort. Sans trop en rajouter, il convient quand même de faire preuve d'un peu de civilité.

Les animaux seront examinés avec attention et chacun pourra juger, voire critiquer, son coup de fusil. La tenue d'un registre de battue est indispensable. Y seront consignés chaque jour le nom des participants, le lieu, la météo et le résultat de la chasse. Le registre sera rempli à chaque sortie, et ce quel qu'en soit le résultat. Un buisson creux n'est pas toujours le reflet d'une chasse ratée. Sur ce registre seront consignées un maximum d'informations biologiques sur les animaux tués. Sexe, poids exact (plein et vidé), âge, état physiologique, description du trophée et toutes informations pouvant être utiles à une bonne gestion par la suite. Dans la mesure du possible, et si la tête n'est pas destinée à la naturalisation, une demi-mâchoire inférieure de chaque animal sera conservée et identifiée, ainsi que les trophées.

Ci-contre : *La balance romaine : un outil de gestion.*

Ce registre est en quelque sorte la « mémoire » de l'équipe, qui s'enrichit parfois d'anecdotes savoureuses et bien agréables à relire avec le recul du temps. En outre, c'est un patrimoine à laisser aux futurs chasseurs, qui sauront en tirer le plus grand profit. Que de temps gagné et d'erreurs évitées si tous les chasseurs prenaient le temps de remplir avec soin le registre de chasse, qui doit rester la propriété de l'équipe, mais qui, bien sûr, sera mis à la disposition des gestionnaires et des responsables cynégétiques. Ce sera la lecture des jours un peu tristes, pour se remémorer les chasses d'antan.

Un soin particulier sera apporté au transport et à l'éviscération, qui devront être entrepris le plus rapidement possible, surtout en période chaude. Dans chaque équipe, il existe un spécialiste de cette tâche, mais ce n'est pas une raison pour se désintéresser complètement du problème. Un coup de main est toujours le bienvenu. On profitera de l'instant pour noter tous les renseignements nécessaires à la bonne tenue du carnet de battue.

Le vidage complet de l'animal sera fait rapidement, tractus digestif et cardio-pulmonaire seront extraits. Un soin tout particulier sera porté à ce travail. L'ouverture abdominale se fera avec délicatesse. La panse peut être gonflée et sa perforation risque de souiller la venaison. Il existe des couteaux spéciaux dont le bout de la lame arrondi et non coupant facilite ce travail. Si besoin est, les contours de la blessure seront parés. Dans le cas d'une détérioration importante de la panse, on pourra rincer abondamment à l'eau et essuyer avec du papier absorbant. La bête sera suspendue, tête en haut, pour permettre un bon écoulement du sang et des humeurs. La peau sera retirée avec soin. L'on évitera autant que possible de mettre en contact la viande et les poils. Ceux-ci en

Ci-dessous : *Du respect, on lui doit bien cela.*

effet se détachent facilement et sont assez difficiles à retirer lorsqu'ils sont collés sur la venaison. La carcasse sera conservée dans un endroit frais, hors d'atteinte des mouches.

Bien souvent partagée entre les chasseurs, la venaison n'en est pas moins soumise à des contrôles éventuels. Chaque morceau de venaison sera alors accompagné d'un bordereau provenant d'un carnet à souche portant le numéro de bracelet correspondant. Faute de quoi la pièce de venaison est réputée braconnée, avec toutes les conséquences fâcheuses que cela implique en cas de contrôle.

À gauche : *Toutes les têtes de chevreuil peuvent être naturalisées, qu'il s'agisse d'un brocard ou d'une chevrette.*

La préparation du trophée

Si pour l'homme préhistorique sa fierté légitime de chasseur se traduisait par une peinture sur les parois de sa grotte, les choses ont peu changé aujourd'hui. Qu'il s'agisse de garder le souvenir impérissable d'une mémorable partie de chasse ou tout simplement de vouloir épater ses amis avec un trophée de brocante, quel est le chasseur qui n'a pas eu la tentation un jour de faire naturaliser une tête de chevreuil. Il n'est pas douteux que, devant les innombrables horreurs qui trônent dans les salons, beaucoup aient abandonné le projet.

La réalisation et le montage d'un trophée ne s'improvisent pas. Ce travail sera confié à un professionnel, artisan de métier, dont le talent artistique est reconnu. Lui seul sera en mesure non seulement de rendre à votre trophée une certaine forme de vie, mais aussi de lui assurer une conservation de longue durée. Dans ce domaine, malheureusement, beaucoup de bricoleurs sévissent. Ils vous encombreront d'un empaillage douteux qui fera sourire les connaisseurs. Le bon travail a un prix. L'économie que vous aurez faite, en confiant votre trophée à un amateur, vous paraîtra bien chère, lorsque les mites rongeront ce qui était pour vous un beau souvenir.

Toutes les têtes de chevreuil peuvent être naturalisées, qu'il s'agisse d'un brocard ou d'une chevrette. En ce qui concerne les mâles, outre le fait qu'une tête en velours est plus difficile à réaliser, elle est moins esthétique qu'un beau trophée à son apogée. Mais il faut bien en convenir, les taxidermistes traitent plus de trophées en velours que d'autres. Beaucoup trop de chasseurs attendent la fin de chasse pour tirer les chevreuils. Ces têtes sont plus difficiles à naturaliser car il faut impérativement faire un traitement de tannage pour assurer une bonne conservation du cartilage et du velours.

Dès que l'animal est abattu, il convient d'en prendre grand soin. La toison est fragile et les poils se séparent très facilement de la peau. Pour une tête entière, la peau sera découpée bien au-delà des épaules. Le taxidermiste pourra toujours en enlever, il lui sera très difficile d'en ajouter ! Le trophée pourra être congelé dans l'attente du traitement. On aura soin de joindre le bracelet correspondant, des contrôles pouvant être effectués chez l'artisan. S'il s'agit de naturaliser un animal en pied, le mieux est d'amener le chevreuil entier à l'atelier. L'artisan assurera lui-même le dépeçage. Les coups de bistouri ne se donnent pas au hasard, car après il faut recoudre.

À son arrivée à l'atelier, la peau est entièrement retirée. Elle est dégraissée et décharnée avec soin. Après un traitement plus ou moins long dans différents bains de tannage, la tête sera montée sur un mannequin en matière synthétique. Il est loin le temps ou le montage se faisait sur une forme approximative en fil de fer, bourrée de crin. Les formes modernes, qui sont moulées sur la musculature, ont un rendu très réaliste. Il sera bon de préciser à l'artisan la place future qu'occupera le trophée. Il pourra ainsi lui donner une présentation en accord avec le décor. Le massacre, c'est-à-dire la ramure en place avec une partie de la boîte crânienne, peut être monté sur un écusson. Les mues seront présentées de la même façon. Les pieds feront un très décoratif support mural de fusil.

Tous les trophées arrivent à l'atelier évidemment au même moment ou presque. Un peu de patience est nécessaire, il faut du temps pour tanner, monter, finir et sécher un trophée. C'est le gage d'un travail parfait.

La recherche du gibier blessé

Quel que soit le type de chasse pratiqué, mais plus particulièrement en battue, le risque de blesser un animal est potentiel et à ne pas négliger. Que ce soit par maladresse ou que l'armement ait été inadapté, le fait de blesser doit être considéré comme une erreur, si ce n'est une faute. Un des premiers devoirs du chasseur sera donc de tout mettre en œuvre pour retrouver l'animal blessé. La chose n'est pas toujours facile, mais là comme ailleurs un certain nombre de règles sont à observer.

Le leitmotiv de la recherche au sang est : « Il est urgent d'attendre ». Que l'on dispose ou non d'un chien spécialisé dans la recherche du gibier blessé au sang, il faudra éviter toute précipitation, noter soigneusement l'emplacement du tireur, de l'impact supposé et du premier sang. À ce propos, mais nous le rappellerons au chapitre relatif à la balistique, le choix de la munition est prépondérant. En effet, la structure de la balle doit lui permettre dans tous les cas de sortir de l'animal afin de favoriser l'écoulement de sang par la blessure, ce qui facilitera la recherche. Une bonne observation de la réaction de l'animal au coup de feu peut donner une indication sur la localisation et l'effet de l'impact. Toutes les associations de chasseurs spécialisées fournissent des diagrammes fort bien faits qui peuvent être affichés dans le rendez-vous.

Si l'on chasse en battue, on aura soin d'arrêter les chiens et de ne pas trop piétiner en recherchant des indices. Se limiter à une centaine de mètres au maximum. L'animal blessé ne devra en aucun cas être poursuivi si on veut le retrouver vite. S'il en est ainsi, il y a de fortes chances que l'animal blessé, ne se sentant plus traqué, s'arrête, s'ankylose, se saigne et ne puisse plus repartir. La recherche en suivant la piste de sang ne doit commencer que plusieurs heures après, voire le lendemain. Le chien suivra d'autant mieux la piste de sang que le « sentiment » de l'animal lui-même se sera estompé. La recherche sera plus facile s'il n'y a qu'un seul pisteur et son chien.

Encore peu connue et peu utilisée, cette pratique commence çà et là à s'implanter. Mais soyons clair, avant de dresser et d'éduquer un chien à la recherche au sang, c'est bien de dressage et d'éducation du chasseur dont il faut parler. Le plus compliqué, dans l'affaire, est d'amener les chasseurs à avoir le réflexe recherche au sang. Pour de trop nombreux chasseurs, il est toujours plus urgent de se précipiter sur une nouvelle attaque que de rechercher un hypothétique blessé. Soyons quand même optimistes et gageons sur la sagesse de nos confrères en Saint-Hubert, qui, ne serait-ce que pour la beauté du geste, ne laisseront plus jamais un animal blessé dans la nature, qui ne serait retrouvé qu'à l'odeur !

Plusieurs associations spécialisées dans la recherche du grand gibier blessé existent et ont des conducteurs agréés. Il suffit de les contacter le plus rapidement possible (adresses auprès des fédérations départementales de chasseurs) afin qu'ils puissent s'organiser et se déplacer. Leur intervention est toujours faite à titre bénévole. Il conviendra cependant de prévoir une clause de recherche du gibier blessé dans le règlement de la société et de passer des accords avec les sociétés voisines permettant le droit de suite.

ci-dessus : *Teckel à poil dur, très utilisé pour la recherche au sang.*

Le braconnage

Depuis qu'il y a des lois et des règles, l'homme a toujours cherché à les contourner. De tout temps, nos semblables ont voulu s'approprier le sauvage, par nécessité ou par plaisir. Le braconnage est une activité, certes répréhensible, mais néanmoins bien réelle. Et ce n'est pas parce que c'est difficile à mesurer qu'il faut l'ignorer pour autant. Bien sûr, de nos jours, ni le gibet ni les galères ne sont promis aux braconniers, mais les sanctions sont lourdes. Même si aux yeux de certains elles sont trop légères. Bien sûr, dans son for intérieur, qui ne se prend pas pour Raboliot et ne rêve inconsciemment de collets, de trappes et de pièges ? De là à passer à l'acte, il y a un pas à ne pas franchir.

Toutes les espèces de gibier sont confrontées à ce problème, le chevreuil n'échappe pas à cette gabegie. La plus répandue des formes de braconnage est sans nul doute le dépassement du plan de chasse. Cette pratique, que beaucoup trop de chasseurs n'assimilent d'ailleurs pas à du braconnage et qu'ils pratiquent de façon éhontée, est pourtant bien un acte délictuel. La loi, c'est la loi ! C'est sans doute ce qui explique que la réalisation effective de certains plans de chasse est en fait supérieure à 100 %. Le chevreuil est une pièce facile à escamoter. La plupart du temps le contrevenant, qui s'expose à une peine lourde de conséquences, oublie tout simplement d'apposer le bracelet ou de le valider. Cette pratique relève plus de l'inconscience et de la cupidité que du réel profit. Ce qui est pis encore, car cela existe malheureusement trop souvent, c'est le tir délibéré d'un chevreuil par dépit ou par exaspération. La dépouille sera abandonnée au sein d'un roncier, sans profit pour personne, si ce n'est un charognard.

L'article R 228-15 du nouveau Code rural stipule : « Seront punis des peines prévues pour les contraventions de la 5e classe ceux qui auront chassé en contravention des prescriptions de plan de chasse établi dans les conditions définies au chapitre V du présent titre (décret n° 65-458 du 14 juin 1965. Article 1). »

Ci-dessus : *Chevrillard en fuite.*

Avec la chasse de nuit en voiture et au phare, on entre dans le domaine du banditisme pur et simple. C'est d'ailleurs souvent l'œuvre d'équipes organisées, rarement des chasseurs au sens noble du terme. Ils alimentent un marché parallèle de venaison pour quelques restaurateurs peu scrupuleux qui ont quand même un certain goût du risque. En effet, ces professionnels peuvent être contrôlés à tout moment par le service de la garderie et devront justifier de la provenance et de la légalité de leur approvisionnement. Dans le cas contraire, la gigue à la sauce grand veneur risque d'avoir un goût amer !

Il peut s'agir aussi, et c'est bien le pire, d'un trafic de trophées. Dans ce cas, seules la tête et les pattes sont emportées, le reste de la carcasse pourrira lamentablement au fond d'un

À gauche : *Pour marquer son territoire, le chevreuil pratique des écorçages préjudiciables aux jeunes plantations.*

Ci-dessus : *Une très belle collection de trophées.*

fossé. Ce type de braconnage est bien sûr encouragé par la demande. Comme dans tous les domaines, il existe dans le monde de la chasse des m'as-tu-vu, qui, bien incapables ou trop maladroits pour tirer eux-mêmes un chevreuil, n'en décorent pas moins les murs de leur pavillon de chasse ou de leur salon de trophées sans signification. La période de rut est souvent très propice à ce type de forfait. Heureusement, les gardes renforcent leur vigilance à cette époque et font rarement de cadeaux !

La capture au collet est encore pratiquée çà et là, mais sans doute en régression. Le savoir-faire et l'astuce des anciens se perdent petit à petit. C'est heureux pour la morale et la loi, même si parfois je peux avoir un peu de tendresse et une secrète admiration pour un certain braconnier qui m'a beaucoup appris des choses de la nature. Paix à son âme, il y a prescription.

La cuisine du chevreuil

Nombre de chasseurs, dont la seule littérature cynégétique se résumait aux menus de restaurant, ne connaissaient du chevreuil que la gigue à la sauce grand veneur. Cette lacune à leur culture générale est maintenant comblée. Notre modeste contribution à l'édifice ne nous fait pas oublier pour autant que nous sommes gourmands, c'est dans la nature humaine.

S'il est vrai que de nos jours la chasse n'est plus nécessaire pour manger, ce que l'on peut regretter parfois, ne soyons quand même pas trop hypocrites. Hypocrites au point d'affirmer que nous n'allons à la chasse que pour le grand air, les chiens et les petits oiseaux ! Certes, c'est une motivation forte, mais il est aussi bien agréable de réunir quelques amis autour d'un morceau de venaison rouge. La table mérite autant d'honneurs que le tableau. Quels merveilleux moments que de revivre la chasse, agrémentée cette fois des odorants effluves du civet ou du rôti.

La venaison de chevreuil se prête à de nombreuses préparations simples ou plus sophistiquées. Nous n'aurons pas la prétention de vous faire découvrir quelques recettes inédites. Mais vous vous régalerez certainement d'un foie de chevreuil (dont vous n'aurez pas ôté le fiel, et pour cause !) coupé en petits dés, doucement rissolé au départ dans une poêle froide et dont vous noierez la cuisson sous un flot de vinaigre de vin vieux. Vous verserez le tout, bien brûlant, sur une chicorée frisée mélangée de pissenlits ou de doucette craquantes à souhait, à peine parfumées d'une larme d'huile d'olive. C'est simple mais succulent comme une partie de chasse.

La sauce poivrade ou la sauce grand veneur conviennent parfaitement au chevreuil. Une gigue simplement rôtie au « capucin » sera délicieuse si vous avez pris auparavant le soin de la faire mariner quelques heures dans une huile d'olive parfumée d'herbes aromatiques. Toutes les daubes et autres civets, dont il existe autant de façon que de cuisiniers, se prêtent fort bien à la viande de chevreuil.

Si vous avez le temps, vous vous rappellerez de cette recette des charbonniers morvandiaux, peut-être un peu braconniers, qui préparaient la gigue de chevreuil, au « trou », sur l'emplacement même de la meule de charbon encore chaude. Dans ce cas, le seul ustensile de cuisine nécessaire sera une bonne pelle. Vous creuserez dans la terre bien sèche un trou de 60 à 70 cm de profondeur et juste assez large pour contenir la gigue. Cette dernière aura simplement été salée et emmaillotée dans une barde de couenne de cochon (pourquoi pas de sanglier). Le fond du trou sera rempli, sur une dizaine de centimètres d'épaisseur, d'une bonne braise bien vive qui sera recouverte de quelques centimètres de terre. La pièce de viande sera posée et recouverte à son tour d'une mince couche de terre (de 3 à 4 cm) sur laquelle sera de nouveau déposée une forte couche de braise. On terminera le « four » en comblant avec de la terre. Ce « sandwich » sera oublié, mais surveillé tout de même du coin de l'œil, pendant 24 heures. Il ne vous restera plus qu'à déterrer le tout, ouvrir une bouteille d'un vin rouge un peu bourru, essuyer votre couteau sur la jambe de votre pantalon et bon appétit ! C'est sublime.

Vous pouvez abuser de la venaison, c'est une viande beaucoup plus diététique que certains voudraient nous le faire croire. Votre médecin n'a pas lieu d'être inquiet, l'acide lactique et autre acide urique dont s'est enrichie la venaison tout au long de la course du brocard n'est là que pour accentuer un peu le fumet de la bête.

Ci-contre : *Peut-être son dernier repas au crépuscule ?*

En guise de conclusion

Observer pour comprendre, comprendre pour gérer, gérer pour mieux chasser, telle pourrait être la conclusion de ce document.

Une meilleure connaissance de l'espèce évitera bien des erreurs et permettra de conserver, pour les générations futures, ce patrimoine irremplaçable qu'est le chevreuil dans notre grande faune sauvage. De notre maîtrise et de notre sagesse à bien gérer et à bien chasser le chevreuil dépendra certainement son avenir. Les populations bien portantes d'aujourd'hui sont sans doute une garantie de pérennité. Mais comme dit le proverbe « Les arbres ne montent pas jusqu'au ciel », et il y aura toujours de bonnes âmes pour lui trouver tous les vices de la terre.

Les spécialistes de la chasse du chevreuil n'ont pas appris grand-chose. Pour les autres, ayons simplement la naïveté de croire qu'ils ont découvert quelques aspects jusque-là inconnus de ce charmant petit cervidé, même si ce document n'est ni complet ni exhaustif. Mais c'est peut-être à vous, chasseurs de sangliers au chien courant, que ce document s'adresse en premier lieu. Apprenez, à vous et à vos chiens, à connaître et à aimer le chevreuil. Vous y trouverez un bonheur et des instants rares que vous n'imaginiez peut-être qu'aux « suites » d'un solitaire.

À droite : *Une meilleure connaissance de l'espèce permettra de conserver, pour les générations futures, le chevreuil dans notre faune sauvage.*

Glossaire

Abroutissement : trace de prélèvement alimentaire.
Aboiement : vocalise du chevreuil.
Abois : lorsque l'animal de chasse est pris entouré par les chiens.
Andouiller : branche adventive des bois de cerf ou du chevreuil (synonyme cors).
Approche : méthode de chasse silencieuse.
Bat-l'eau : animal sur ses fins qui se met à l'eau pour échapper aux chiens.
Billebaude (à la) : chasser une enceinte au hasard, sans indices précis.
Biotope : aire géographique offrant des conditions de vie constantes.
Bois : formations osseuses caduques ornant la tête des cervidés.
Bonnet : poche de l'estomac des ruminants.
Brisée : brindille cassée par le piqueur indiquant la rentrée de l'animal dans l'enceinte.
Broques ou broches : bois du chevreuil à sa première tête.
Brocard : mâle de chevreuil.
Brosse : touffe de poils sur la jambe du chevreuil recouvrant des glandes.
Caillette : poche de l'estomac des ruminants.
Cervidés : mammifères ruminants portant des bois caducs.
Change : lorsque la meute change d'animal de chasse.
Chevrette : femelle du chevreuil.
Chevrillard : chevreuil de moins d'un an.
Contre : voie prise à sens contraire de la marche de l'animal.
Créancé : se dit d'un chien spécialisé dans la chasse d'une espèce.
Curée : pâture de certaines parties de l'animal que l'on donne à la meute en fin de chasse.
Débûcher : sortir de l'enceinte chassée.
Défaut : perte de la voie de l'animal de chasse.
Domaine vital : aire d'occupation d'un animal dans un cycle de temps déterminé (journalier, saisonnier, annuel).
Empreinte : marque laissée sur le sol par le pied d'un animal.
Espèce : ensemble des individus ayant des caractères communs et pouvant se reproduire entre eux.
Essence : différentes espèces d'arbres.
Expansive : se dit d'une munition qui se déforme à l'impact, augmentant ainsi fortement de section.
Feuillet : poche de l'estomac des ruminants.
Frottis : écorçage de jeunes arbres fait avec les bois.
Forlonger : se dit d'un animal chassé qui prend régulièrement de l'avance sur ses poursuivants.
Fraye : lorsque les cervidés se débarrassent des velours. On dit alors qu'ils touchent au bois.
Gagnage : lieu d'alimentation pour les cervidés.
Gouttières : petites saignées sur les bois marquant l'emplacement des vaisseaux sanguins.
Grattis : placette dégagée par le chevreuil pour marquer sa présence.
Hallali : prise de l'animal de chasse.
Hourvari : aller et retour sur le même pied, parfois dans l'eau pour faire perdre la voie.
IKA : indice kilométrique d'abondance.
Laisser-courre : partie de chasse aux chiens courants.
Massacre : trophée comprenant les bois avec une partie de la boîte crânienne.
Merrain : axe principal du bois des cervidés (synonyme perche).
Meule : base du bois se rattachant au pivot.
Miroir : tache blanche sur l'arrière-train des chevreuils.
Moquettes : crottes du chevreuil.
Mues : bois des cervidés après leur chute.

Œstrus : chaleurs de la femelle. Période pendant laquelle elle est fécondable.
Ogive : pointe de la balle.
Os : doigts atrophiés des cervidés correspondant aux gardes du sanglier.
Panse : la plus grande poche de l'estomac des ruminants.
Perlures-pierrures : petites excroissances osseuses ornementant les bois des chevreuils.
Perruque : anomalie de croissance des bois du chevreuil.
Pibole : petite corne d'appel en cuivre ou en corne.
Pinces : partie cornée du sabot des cervidés.
Pivot : protubérance de l'os du crâne sur laquelle s'insère le bois.
Récri-récrier (se) : redoublement de la voix des chiens quand ils relancent l'animal de chasse.
Refaits : repousse des bois après la mue.
Régalis : association de frottis et de grattis du chevreuil.
Rembûcher : rentrer dans l'enceinte chassée. Remiser l'animal de chasse.
Rut : période de l'accouplement chez les animaux.
Servir : achever l'animal de chasse.
Territoire : partie du domaine vital plus spécialement défendu à certaines époques.
Testostérone : hormone sexuelle mâle sécrétée par les testicules.
Tête bizarde : anomalie dans la pousse des bois.
Tomber la tête : perdre les bois.
Trophée : ensemble de la tête et des bois conservés en souvenir.
Velours : peau vascularisée pendant la pousse des bois.
Venaison : viande du gibier rouge en général.
Viander : s'alimenter, brouter, pour les cervidés.

Index

Crédits photographiques

Balthazard/COGIS : 27, 89 ; **Buttin/NATURE** : 5, 6, 18, 30, 34-35, 40, 55, 63, 64, 73, 76, 77, 86-87, 88, 91, 93, 96, 101, 103, 107 ; **Chaumeton-Gras/NATURE** : 110 ; **Deloy/NATURE** : 32-33 ; **Durantel/NATURE** : 62, 78, 79, 97, 100 ; **Fournier-Christol/COGIS** : 51 ; **Girard/COGIS** : 37, 41, 80-81 ; **Krasnodebski/NATURE** : 19, 35 h, 108 ; **Lanceau/NATURE** : 15, 28-29, 31, 44-45, 49, 54, 94-95 ; **Le Gall/NATURE** : 4, 12, 20-21, 23, 38, 57, 58-59, 70-71, 72, 74-75, 84, 98-99, 111, 115 ; **Mayet/NATURE** : 11, 13 ; **Morvan/COGIS** : 109 ; **NATURE** : 104-105 ; **Pasquet/NATURE** : 90, 102 ; **Siegel/NATURE** : 8-9, 24, 25, 26, 39, 46, 47, 52, 56, 66-67, 112-113, 116-117 ; **Simonin/COGIS** : 1, 82-83 ; **Zwiebel/COGIS** : 16-17, 22, 42-43, 68-69, 78.